Kreatives zu Advent und Weihnachten

REIHE

PRAXIS im QUADRAT

Bibliografische Informationen Der Deutschen Bibliothek

Die Deutsche Bibliothek verzeichnet diese Publikation in der Deutschen Nationalbibliografie: detaillierte bibliografische Daten sind im Internet über http://dnb.ddb.de abrufbar.

1. Auflage
Umschlag: Uli Gutekunst, Nürtingen
Titelfotos: Gerd Ulmer, Hemmingen
Typografie und Layoutentwurf:
Uli Gutekunst, Nürtingen
Druck und Bindearbeiten:
Ptisk s.r.o., Pribram, Tschechische Republik

ISBN 978-3-7797-2066-9

Regina Hitzelberger

Kreatives zu Advent und Weihnachten

20 pfiffige Ideen zum Basteln, Knobeln und Spielen

Inhalt

Rätseln und Knobeln 5

Martinsrätsel 5
Adventsrätsel 9
Stella-Trio 12
Weihnachtssudoku 15
Weihnachtstabu 17
Weihnachtsquiz 22
Schafsgeheimnis - eine etwas andere Weihnachtsgeschichte 27

Engel und Sterne 31

Leuchtende Engel 31
Faltengel aus Gesangbuchblättern 33
Sternkörbchen 35
Stern zum Aufstellen oder Aufhängen 38
Stern als Teelichthalter 42
Überraschungsstern 44
Weihnachtsfiguren aus Filz 46

Weihnachtliche Spezialitäten 49

Weihnachtliche Verpackungen für kleine Geschenke 49
Weihnachtsglocken 52
Weihnachtslämpchen 54
Weihnachtsmandala 56
Krippenhaus im Quadrat 58
Weihnachtsgrüße im Quadrat 61

Martinsrätsel

Materialien

- Martinsfigur (S. 6) und Wortpuzzleteile (S. 6 und 7)
- Lösungsleiste (S. 8)

Verwendung

Martin war ein vorbildlicher Mensch. Deshalb wurde er von den Menschen geliebt und für ein hohes kirchliches Amt ausgewählt. Das Wortpuzzle benennt die vielen guten Eigenschaften Martins, aber auch einige, die nicht zu ihm passen. Wenn die Buchstaben über den Puzzleteilen, die die guten Eigenschaften benennen, in die richtige Reihenfolge gebracht werden, verraten sie das Amt, das er übernommen hat, und die Stadt, in der er tätig war.

Kindergottesdienst, Religionsunterricht
Grundschulalter ab 3. Klasse

Anleitung

Die Wortpuzzleteile Seite 6 und 7 werden zunächst einschließlich der darüberstehenden Buchstaben des Lösungswortes grob ausgeschnitten. Die Kinder suchen die auf Martin zutreffenden Eigenschaften aus den Puzzleteilen aus (vier Teile treffen nicht zu). Die ausgewählten Teile (9) werden von den Kindern an Hand der darüberstehenden Buchstaben in die Reihenfolge des vermuteten Lösungswortes gebracht. Das Lösungswort wird in die Felder der Lösungsleiste eingetragen. Zur Kontrolle können die Puzzleteile exakt ausgeschnitten und oben an das Konturenbild der Lösungsleiste (Seite 8) angeklebt werden.
Über die Lösung kann das Bild von Bischof Martin (S. 6) geklebt und angemalt werden.

Lösungswort: Bischof von Tours.

(Nach einer Idee aus der Zeitschrift »Der Jugendfreund« 47/2003)

Bischof Martin

Wortpuzzleteile

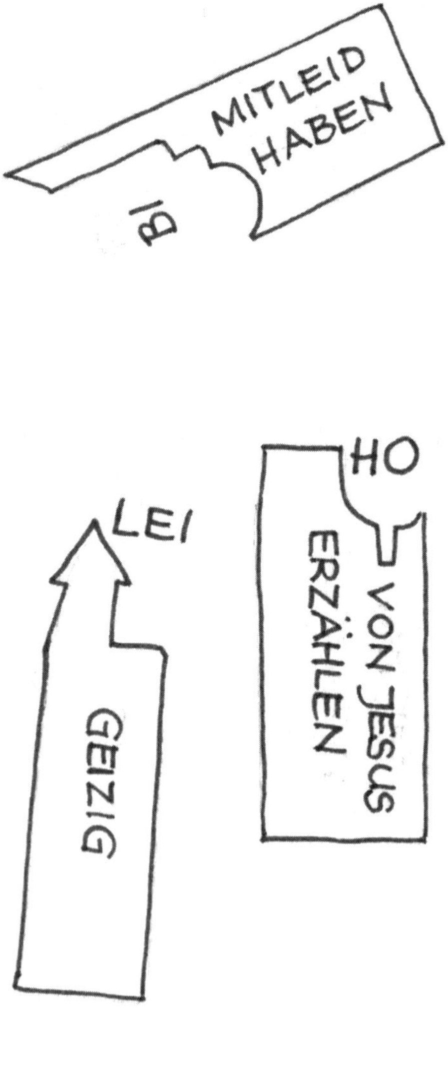

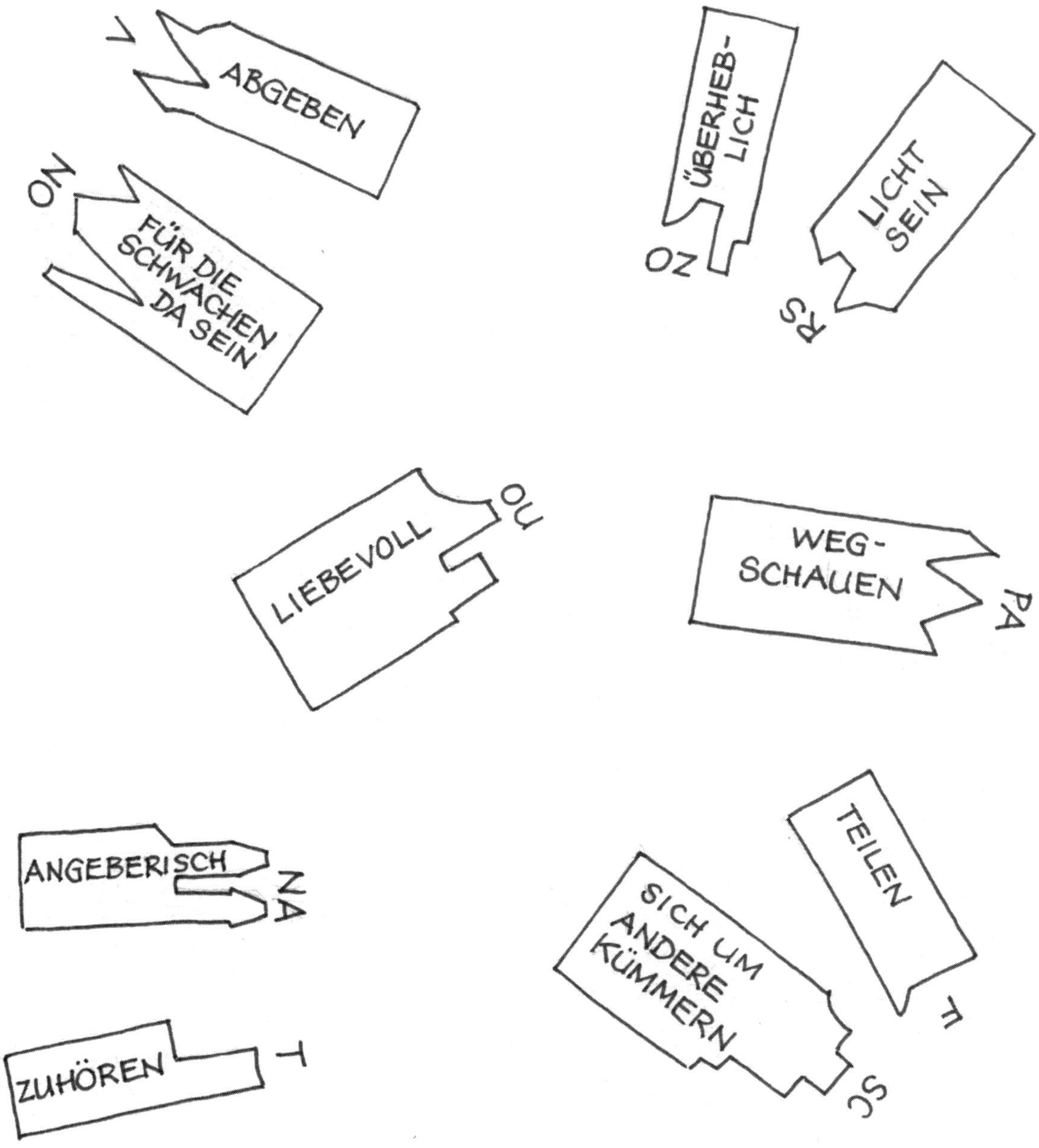
ABGEBEN
ON
FÜR DIE SCHWACHEN DA SEIN
ÜBERHEB-LICH
OZ
LICHT SEIN
RS
LIEBEVOLL
OU
WEG-SCHAUEN
PA
ANGEBERISCH
NA
ZUHÖREN
T
TEILEN
TI
SICH UM ANDERE KÜMMERN
SC

Kontrollbild und Lösungsleiste

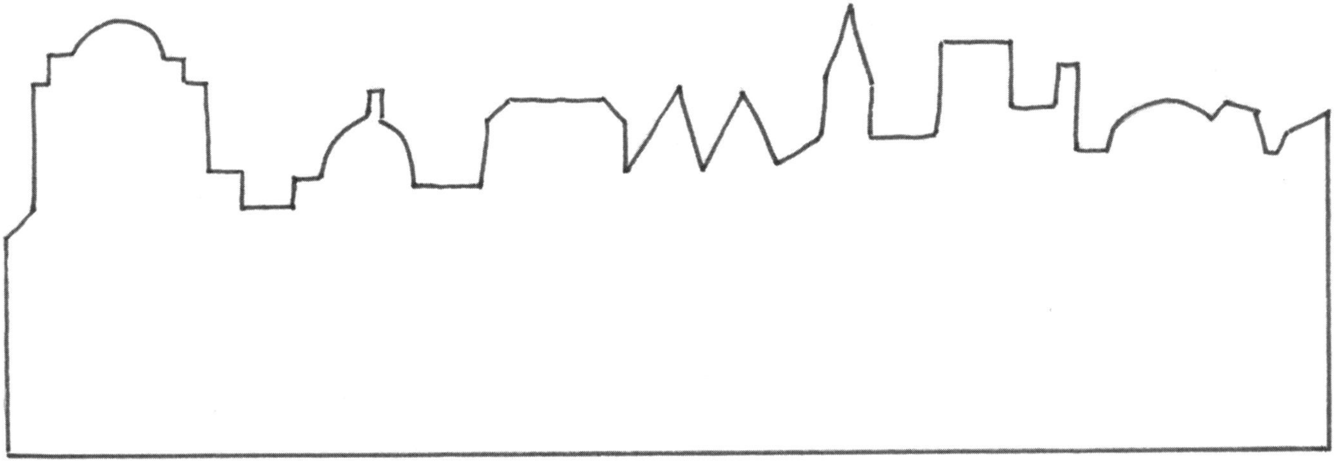

_ _ _ _ _ _ _   _ _ _   _ _ _ _ _

Kontrollbild und Lösungsleiste zum Martinsrätsel S. 5 ff. Jeder Buchstabe des Lösungsworts entspricht dabei einem Strich.

Adventsrätsel

Materialien

- Arbeitsblatt mit Lösungsspalte S. 10
- Lösungen S. 11
- Stift

Verwendung

Kleine Knobelaufgaben wecken die Neugier, sich mit allzubekannten Geschehnissen rund um die Advents- und Weihnachtszeit auseinanderzusetzen.

In Gruppenarbeit und Religionsunterricht für ältere Kinder und Jugendliche

Anleitung

Zum Lösen sind weder überdurchschnittliche Intelligenz noch außerordentliche Fähigkeiten verlangt. Lediglich etwas Kreativität, Kombinationsgabe und Wissen aus Bibel und Brauchtum sind gefragt.
Wer Spaß daran gefunden hat, kann sich ähnliche Knobelaufgaben für seine Gruppe ausdenken.

Ein Beispiel als Hilfe: 3 = W aus dem ML
Lösung: 3 Weise aus dem Morgenland

Rätselaufgaben

1. 24 = T bis W ______
2. J der T = V von J ______
3. 1839 = J, in dem W den ersten AK aufstellte ______
4. Fest der B = 20 T vor W ______
5. 23 = K hatte der erste AK ______
6. Am 6. T im D = F des Bischofs N ______
7. 4 = S im A ______
8. 1 = E brachte M die B ______
9. 3 x 14 = G von A bis Ch bei Mt ______
10. Z = war P am T des H ______
11. 5 = B hat der N von J ______
12. 6 = M war E schon s, als M sie besuchte ______
13. 2 = E erzählen die G von J ______
14. In N lebten M und J ______
15. 1 E = trug M mit dem K nach B ______
16. B = HS von K D ______
17. 10 B = hat die S, in der J geboren ist ______
18. A war K in R, als J geboren wurde ______
19. 1 = S folgten die W aus dem ML ______
20. 0 = kein P war in der H ______
21. 2 T = O und E im S von B ______
22. H war K in J zur Z der G von J ______
23. 3 = G brachten die W aus dem ML ______
24. 2 = WT folgen dem HA ______

Lösungen

1. 24 = Tage bis Weihnachten
2. Johannes der Täufer = Vorläufer von Jesus
3. 1839 = Jahr, in dem Wichern den ersten Adventskranz aufstellte
4. Fest der Barbara = 20 Tage vor Weihnachten
5. 23 = Kerzen hatte der erste Adventskranz
6. Am 6. Tag im Dezember = Fest des Bischofs Nikolaus
7. 4 = Sonntage im Advent
8. 1 = Engel brachte Maria die Botschaft
9. 3 x 14 = Geschlechter von Adam bis Christus bei Matthäus
10. Zacharias = war Priester am Tempel des Herrn
11. 5 = Buchstaben hat der Name von Jesus
12. 6 = Monate war Elisabeth schon schwanger, als Maria sie besuchte
13. 2 = Evangelisten erzählen die Geburt von Jesus
14. In Nazareth lebten Maria und Josef
15. 1 Esel = trug Maria mit dem Kind nach Bethlehem
16. Bethlehem = Heimatstadt von König David
17. 10 Buchstaben = hat die Stadt, in der Jesus geboren ist
18. Augustus war Kaiser in Rom, als Jesus geboren wurde
19. 1 = Stern folgten die Weisen aus dem Morgenland
20. 0 = kein Platz war in der Herberge
21. 2 Tiere = Ochs und Esel im Stall von Bethlehem
22. Herodes war König in Jerusalem zur Zeit der Geburt von Jesus
23. 3 = Geschenke brachten die Weisen aus dem Morgenland
24. 2 = Weihnachtstage folgen dem Heiligabend

Stella-Trio

Materialien

- Vorlage zum Ausschneiden S. 13
- Spiellösung S. 14
- Tonkarton (oder Papier und Folierfolie)
- Schere und Klebstoff
- ggf. Foliergerät

Verwendung

Spiel für Familie, Schule und Gemeinde

Anleitung

Die Vorlage S. 13 wird kopiert (ggf. noch etwas vergrößern). Die einzelnen Dreiecke werden ausgeschnitten und foliert oder auf Tonkarton geklebt.
Die Dreiecke müssen im Spiel so aneinander gelegt werden, dass auf allen Seiten jeweils Seiten mit gleichen Begriffen einander gegenüber liegen.
Insgesamt ergibt sich die Figur eines Sterns, wenn die Teile richtig aneinander gelegt sind (s. Lösung S. 14).

Vorlage für das Stella-Trio

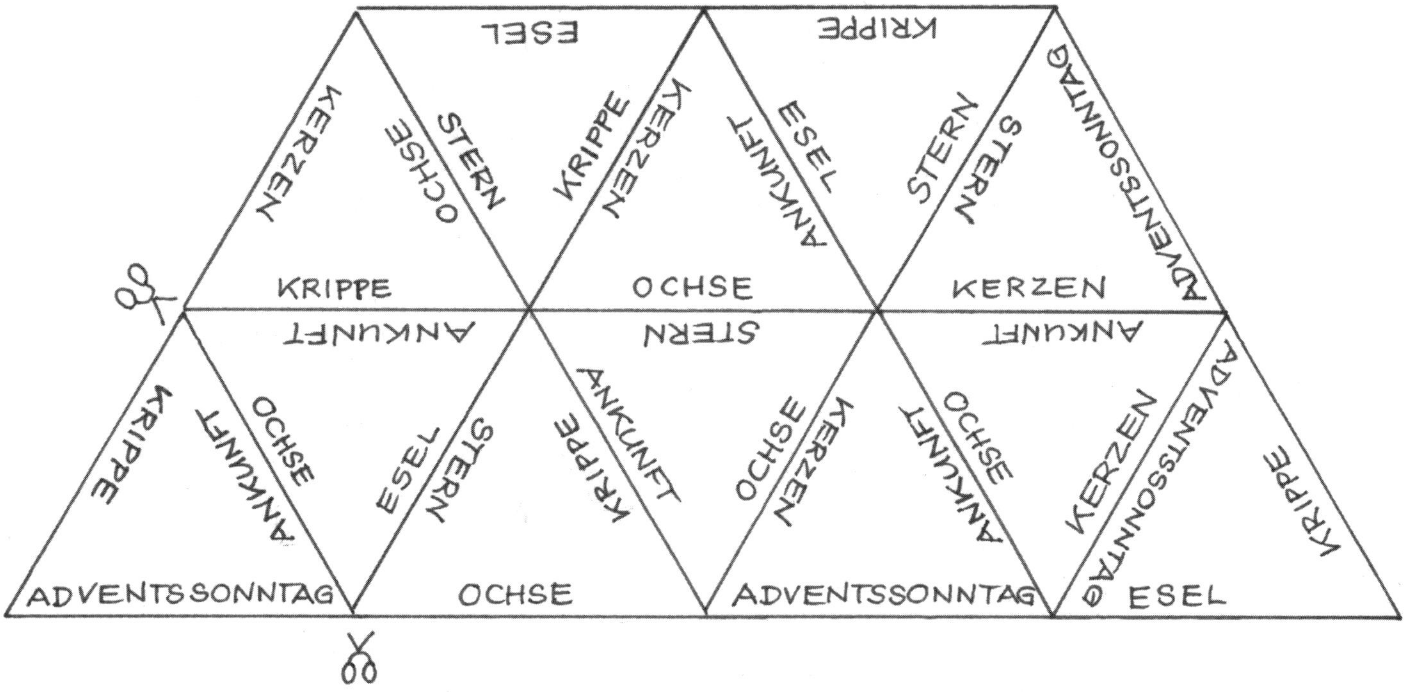

Spiellösung für das Stella-Trio

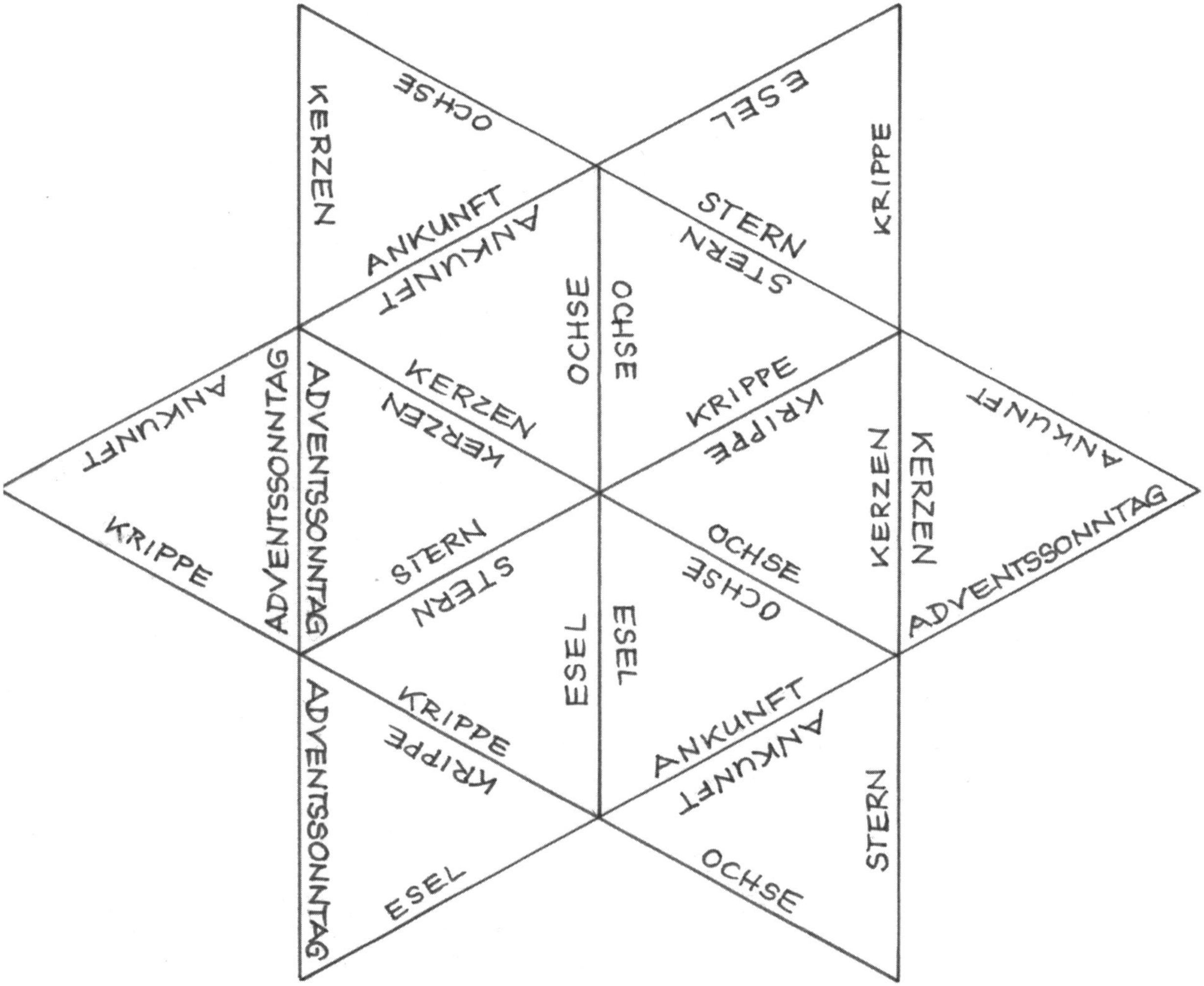

Weihnachtssudoku

Materialien

- Vorlage S. 16
- Faltkarte aus Tonpapier
- Schere und Klebstoff

Verwendung

Weihnachtskarte mit Knobelspaß

Anleitung

Die leeren Felder müssen mit den einzelnen Buchstaben des Wortes **WEIHNACHT** ausgefüllt werden. Dabei muss jeder Buchstabe genau einmal pro Spalte, Zeile und Unterquadrat vorhanden sein. Nur der Buchstabe H kommt zweimal vor.
Für die Weihnachtskarte wird die Vorlage für das Sudoku von S. 16 auf Papier kopiert und auf eine Faltkarte aus farbigem Tonpapier geklebt.

Lösung

H	N	H	W	E	I	C	T	A
I	C	W	H	T	A	E	H	N
A	E	T	N	C	H	H	W	I
C	H	E	I	N	T	A	H	W
T	W	I	H	A	H	N	E	C
N	H	A	C	W	E	T	H	I
E	A	C	T	I	W	H	N	H
H	I	N	E	H	C	W	A	T
W	T	H	A	H	N	I	C	E

FROHE

		H	W	E	I			A
	C	W				E	H	N
A	E	T		C	H			I
			I	N	T	A	H	
T	W	I				N	E	C
	H	A	C	W	E			
E			T	I		H	N	H
H	I	N				W	A	
W			A	H	N	I		

Weihnachtstabu

Materialien

- Vorlagen für die Spielkarten (s. S. 18 – 21)
- Tonkarton
- Folierfolie und Foliergerät

Verwendung

Spiel für Familie, Schule und Gemeinde

Anleitung

Die Tabukarten werden kopiert und auf festen Tonkarton geklebt oder foliert.
Es spielen zwei Gruppen gegeneinander. Jede erhält einen Stapel der Karten.
Im Spiel muss jeder gesuchte Begriff beschrieben werden, ohne ihn zu nennen – es dürfen auch keine Wortteile daraus vom Erklärenden gesagt werden (also z.B. »Spiel« bei »Krippenspiel«). Auch die anderen drei angegebenen Wörter dürfen nicht benutzt werden, sind »tabu«.
Je nach Alter darf Gestik dazu benutzt werden oder nicht; Ziel ist jedoch die verbale Erklärung.

WINDELN Stofftücher Plastik Babypopo	**HERBERGE** Hotel Unterkunft Stall	**KRIPPENSPIEL** Weihnachtsgeschichte Theater Maria und Josef
SCHWANGER Kind Bauch Frau	**ESEL** Tier Ochse Stall	**KRIPPE** Futter Tiere Heu

TANNENBAUM grün Nadeln schmücken	**STERN** gelb leuchten Nacht	**ENGEL** weiß leuchten Bote
STALL Tiere warm Jesu Geburtsort	**DREI KÖNIGE** Kaspar Melchior Balthasar	**STILLE NACHT** Lied dunkel Heiliger Abend

TANNE grün Baum Holz	**ADVENT** Ankunft Sonntag vier Wochen	**KERZE** Feuer Wachs Licht
WEIHNACHTEN Geburt Stall Jesus	**BETHLEHEM** Krippe Weihnachten Jesus	**KAISER AUGUSTUS** Römer Herrscher König

HIRTEN Feld Engel Schafe	**LEBKUCHEN** süß Gebäck Essen	**STROH** Stall Krippe Jesus
OCHSE Esel Stall Tier	**DEZEMBER** Monat Advent Jahr	**GESCHENKE** Geburtstag Weihnachten Freude

Weihnachtsquiz

Materialien

- Quizfragen mit verschiedenen Antworten
- Blatt zum Eintragen des Lösungssatzes
- Stifte

Verwendung

Spiel in der Gruppe, Schulklasse oder Familie

Anleitung

Zu den einzelnen Quizfragen sind verschiedene Lösungen vorgegeben. Nur eine Antwort ist richtig. Die kursiv gesetzten Buchstaben hinter der richtigen Antwort müssen zu einem gesuchten Lösungssatz zusammengesetzt werden. Der Lösungssatz ergibt einen weihnachtlichen Segen.

Lösungen zu den Quizfragen

1. Ein
2. froh
3. ma
4. ch
5. en
6. des
7. und
8. ge
9. seg
10. net
11. es
12. Fest
13. der
14. Geb
15. urt
16. des
17. Her
18. rn

Lösungssatz

Ein frohmachendes und gesegegnetes Fest der Geburt des Herrn

Weihnachtliche Quizfragen

1. Die Eltern von Johannes (den man später »Johannes der Täufer« nennt) waren:
- Hanna und Simeon *(Mit)*
- Maria und Josef *(Aus)*
- Elisabeth und Zacharias *(Ein)*

2. Der Schwangerschaft von Elisabeth haftete etwas Wunderbares an, denn
- in der Bibel wird sie so beschrieben, als könnte sie wegen ihres Alters gar keine Kinder mehr bekommen. *(froh)*
- eigentlich wollte Zacharias gar keine Kinder mehr. *(Beth)*
- beide hatten eine Erscheinung im Tempel. *(kein)*

3. Zacharias hatte sich mit der Schwangerschaft seiner Frau sehr verändert:
- Er tanzte vor Freude und sang fast ununterbrochen. *(si)*
- Er verbrachte jede freie Minute in der Werkstatt, um Möbel und Spielzeug für den Kleinen anzufertigen. *(ro)*
- Er kann plötzlich nicht mehr sprechen. *(ma)*

4. Zacharias hatte die Sprache verloren, weil er
- nicht glauben konnte, was ihm der Engel im Tempel erzählt hatte. *(ch)*
- bei den Frauengesprächen merkte, wie wenig Ahnung er vom Kinderkriegen hatte. *(la)*
- sauer war, dass Elisabeth jetzt viel weniger Zeit für ihn hatte. *(no)*

5. Nach der Geburt des Johannes gab es große Aufregung bei den Verwandten. Sie verstanden nicht, warum das Kind diesen Namen bekommen sollte. Üblich war es, dem Sohn den Namen
- eines alttestamentlichen Propheten *(ol)*
- eines erfolgreichen römischen Feldherren *(wa)*
- des Vaters *(en)*

zu geben.

6. Warum hielten sich Elisabeth und Zacharias nicht an die Regel bei der Vergabe des Namens ihres Kindes?
- Weil sie keine Lust mehr hatten, sich an diese Traditionen zu halten. *(kan)*
- Weil der Engel Zacharias deutlich gesagt hatte, wie das Kind heißen soll. *(des)*
- Weil ihnen aus der eigenen Familie kein Name gefallen hat. *(los)*

7. Fast gleichzeitig mit Elisabeth wurde eine andere Frau schwanger. Es war
- Monika *(mal)*
- Maria *(und)*
- Martha *(son)*

8. Elisabeth und Maria waren miteinander verwandt. Elisabeth war die
- Mutter *(ni)*
- Schwägerin *(ge)*
- Tante *(ra)*

von Maria.

9. Auch die Schwangerschaft Marias wurde durch einen Engel angekündigt.
Zu wem kam der Engel?
- Zu Josef. *(lon)*
- Zu Maria. *(seg)*
- Zu den Hirten. *(dar)*

10. Wie Zacharias wird auch Maria gesagt, wie ihr Kind heißen soll:
- Jesus *(net)*
- Jesus ben Josef *(dan)*
- Jesus Christus *(wen)*

11. In welcher Stadt wurde Jesus geboren?

- In Nazareth. *(no)*
- In Bethlehem. *(es)*
- In Jerusalem. *(la)*

12. Wo wurde Jesus geboren?

- In einem Stall. *(Fest)*
- In einer einfachen Herberge. *(Rast)*
- In einem Beduinenzelt. *(Lust)*

13. Nach dem Lukasevangelium (Lukas 2 ab Vers 15) waren die ersten Besucher bei der jungen Familie:

- drei Weise aus dem Morgenland. *(sun)*
- Soldaten des Königs Herodes. *(man)*
- Schafhirten. *(der)*

14. Welche Nachricht hatten die Engel für die Hirten bereit?

- »Euch ist heute der Heiland geboren.« *(Geb)*
- »Passt gut auf eure Schafe auf, die Wölfe gehen um.« *(Lob)*
- »Folgt dem Stern am Himmel, der zeigt euch den Weg zum Kind.« *(Ste)*

15. Wo haben Hanna und Simeon Jesus zum ersten Mal gesehen?

- Im Stall zwischen Ochse und Esel. *(nan)*
- In der Dorfkirche in Bethlehem. *(elm)*
- Im Tempel in Jerusalem. *(urt)*

16. Wie lange haben Hanna und Simeon auf die Geburt dieses kleinen Kindes schon gewartet?

- Ein paar Tage. *(muk)*
- Ein paar Monate. *(bal)*
- Ein paar Jahre. *(des)*

17. Was macht Hanna, nachdem sie Jesus gesehen hat?

- Sie freut sich und fängt an zu tanzen. *(Mut)*
- Sie nimmt das Kind in ihre Arme. *(Her)*
- Sie weint, weil sie selber keine Kinder hat. *(Eng)*

18. Was macht Simeon, nachdem er Jesus gesehen hat?

- Er zündet für das neugeborene Kind eine Kerze an. *(en)*
- Er sagt, dass er jetzt ruhig sterben kann, weil er den gesehen hat, auf den er so lange gewartet hat. *(rn)*
- Er lädt Maria und Josef mit ihrem Kind zu sich nach Hause ein. *(sa)*

Schafsgeheimnis

Eine etwas andere Weihnachtsgeschichte

Materialien

– Geschichte (S. 28 f.)
– Lösungshinweise
– Lösungsgitter zum Eintragen (S. 30 oben)
– Lösung (S. 30 unten)

Verwendung

Für Schule und Kindergruppen

Anleitung

Mit Hilfe der Geschichte und der ergänzenden Lösungshinweise soll ermittelt werden, welches Schaf zu welchem Hirten gehört und welches Geschenk das jeweilige Schaf zu Krippe bringt.

Lösungshinweise

– Lucie und Frieda gehören demselben Hirten.
– Für das dritte Schaf von Ruben wird in der Geschichte keine Eigenschaft genannt.
– Ein Schaf von Benjamin ist schwarz.
– Molly gibt die meiste Milch.
– Das aufgeregteste Schaf hat sich ein merkwürdiges Geschenk ausgedacht.
– Othello hat eine sehr schöne Stimme.
– Der Name eines Schafes beginnt mit demselben Buchstaben wie der Name eines Hirten.
– Weder Emma noch Othello gehören dem Ruben.

Schafsgeheimnis

Wie heute jedes Kind weiß, sind den Hirten von Bethlehem Engel erschienen. Sie verkündeten ihnen als erste die Geburt des himmlischen Kindes, so heißt es. Aber waren sie wirklich die ersten, die davon hörten?
Die Hirten waren in jener Nacht viel zu müde von ihrer Arbeit. Sie lagen in ihren Decken und schliefen tief und fest. Selbst Ruben und Benjamin, die eigentlich um diese Zeit Wachdienst hatten, waren am Feuer kurz eingenickt.
Als die Engel zu singen begannen und es plötzlich von ihrem himmlischen Glanz taghell wurde auf den Feldern von Bethlehem, da waren es deshalb zuerst die Schafe, die mit ihren feinen Nasen den himmlischen Wohlgeruch in der Luft wahrnahmen. Eins nach dem anderen spitzte seine Ohren und lauschte dem, was die Engel vom Frieden auf Erden und von der Geburt des Kindes sangen.
Erst durch die Aufregung in der Schafherde, durch das Geblöke und durch das Gebell der Hunde wurden die Hirten richtig wach. Dann sahen auch sie das Licht und die Schar der Engel am Himmel.
Als die Engel sagten: »Auf, geht nach Bethlehem zum Stall und zum Kind!«, da wollten die Schafe gleich loslaufen. Aber die Hunde und die Hirten trieben sie zurück.

So kam es, dass sich zunächst nur die Hirten auf den Weg machten, um den neugeborenen Friedenskönig zu suchen.
Gott sei Dank kehrte dann wieder Ruhe ein auf den Hirtenfeldern von Bethlehem, so dass es nicht lange dauerte, bis die Hunde mit weit aufgesperrtem Maul gähnten und gähnten und gähnten, bis ihnen allmählich die Augen zufielen. Auch die meisten Schafe hatten sich inzwischen beruhigt. Fest kuschelte sich eins ans andere. Durch die wohlige Wärme waren die meisten bald eingeschlafen.

Doch sechs Schafe in der Herde konnten vor Aufregung kein Auge mehr zumachen. Es waren die Schafe von Ruben und Benjamin. Vor allem das Schaf Emma war so aufgeregt, dass es beinahe die Schafe rechts und links von ihm aufgeweckt hätte, als es sich herhob. Es wollte jetzt auf gar keinen Fall schlafen. Emma wollte unbedingt das Kind sehen.

So erging es auch der Berta und der dicken Molly, Othello, Lucie und Frieda. Es gelang ihnen nach und nach, sich aus der Herde zu lösen, ohne dass die Hunde auf sie aufmerksam wurden.
Leise fragte Emma: »Könnt ihr auch nicht schlafen? – Also mir lassen die Worte der Engel keine Ruhe. Warum sollen nicht auch wir das Kind in der Krippe besuchen dürfen?«
Frieda stimmte ihr mit einem lauten »Mäh, mäh!« zu und sagte, weil sie die Klügste von allen war: »Wir wollen aber nicht mit leeren Pfoten zum Friedenskind kommen. Ich weiß auch schon, was ich ihm mitbringe. Etwas Warmes braucht das Kind.«
Da hatte auch das dickste Schaf eine Idee für sein Geschenk, denn Ruben lobte sein Schaf immer, weil es so viel Milch gab. »Damit das Kind groß und stark wird«, sagte es sich.
Othello war von allen weiblichen Schafen umschwärmt, weil er eine so schöne Stimme hatte, deshalb sagte er jetzt: »Ich singe dem Kind ein Schlaflied.«
»Das ist eine gute Idee«, sagte das schwarze Schaf zu ihm. »Ich bringe den Eltern des Kindes etwas zu essen mit. Unser Hirte hat gestern frischen Käse gemacht. Der wird sie stärken.«
»Ja«, sagte Othello, »Käse machen, darauf versteht sich unser Hirte gut!«
Lucie sagte: »Ich habe auch schon eine Idee. Das Kind soll weich liegen, damit es gut schlafen kann.«
Das sechste Schaf spürte plötzlich ein Kribbeln und Zwicken in seinem Fell. Es lächelte leise und sagte geheimnisvoll: »Ich glaube, da will noch jemand mit mir zum Kind und ist genauso aufgeregt wie ich.«

So nahmen alle sechs Schafe ihre Geschenke mit und machten sich auf den Weg nach Bethlehem. Sie fanden das Kind in der Krippe und gaben Maria und Josef ihre Geschenke: Milch und Käse, Wolle und Stroh. Othello sang dem Kind leise ein wunderschönes Schlaflied und der kleine Floh hüpfte fröhlich zu dem Kind in das Stroh.
Dann standen sie neben ihren beiden Hirten, die sich gar nicht über ihre Schafe wunderten, denn was war schließlich nicht wunderlich in dieser Nacht der Nächte?

Peter Hitzelberger

Lösungsgitter zum Eintragen

Schaf	Geschenk	Hirte

Lösungen zur Geschichte

Schaf	Geschenk	Hirte
Emma	Floh	Benjamin
Othello	Lied	Benjamin
Molly	Milch	Ruben
Lucie	Stroh	Ruben
Frieda	Wolle	Ruben
Berta	Käse	Benjamin

Leuchtender Engel

Materialien

- festesTransparentpapier (gemustert oder uni zum Selbergestalten)
- einfaches kleineres Trinkglas (z.B. Senfglas)
- Teelicht
- Schere, Bleistift
- Maßband

Verwendung

Tischdekoration (s. auch Titelfoto)

Bastelanleitung

Die Vorlage S. 32 kopieren und je nach Größe des Glases dabei ggf. vergrößeren. Die kopierte Vorlage auf Transparentpapier übertragen und ausschneiden. Entsprechend den gestrichelten Linien der Vorlage wird das Transparentpapier eingeschnitten. Die Schlitze ineinander schieben. Der Mittelteil wird über ein passendes Glas geschoben. In das Glas wird ein Teelicht gestellt.

Das Mittelstück der Vorlage muss je nach Umfang des Glases breiter oder schmaler gefertigt werden. Vorher den Umfang deshalb mit einem Maßband ausmessen.

Vorlage für den leuchtenden Engel

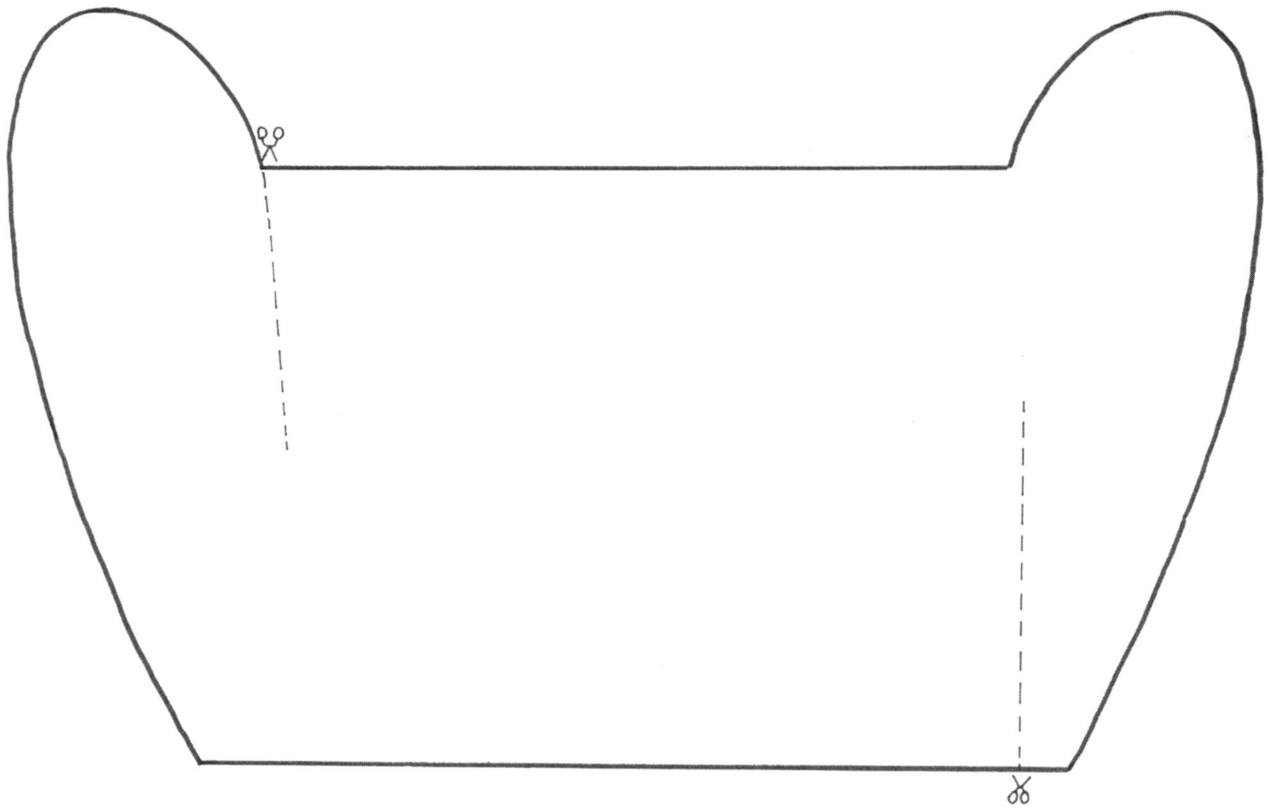

Faltengel

aus Gesangbuchblättern

Materialien

- Blätter aus einem alten Gesangbuch (evtl. mit Goldrand)
- Eine Holzkugel mit Bohrung als Kopf (Durchmesser 1,2 cm)
- Goldenes Stickgarn oder Goldkordel
- Schere und Klebstoff

Bastelanleitung

Ein Liedblatt wird vorsichtig aus dem Gesangbuch herausgetrennt. Der Rand des Blattes wird gerade geschnitten (Abb. 1). Das Liedblatt wird in schmale Hexentreppen gefaltet. Um gleichmäßige Falten herzustellen, dienen die Notenlinien zur Orientierung (Abb. 2). Das Blatt wieder vorsichtig ein wenig auffalten. Dann wird in der Mitte der Längsseite die Treppenfaltung zu einem Drittel umgebogen (Abb. 3).

Weiter S. 34

Verwendung

Als Dekoration sehr eindrücklich.

Abb. 1

Abb. 2

Abb. 3: zusammendrücken und abknicken

Eine zweite Seite ebenso falten und biegen (Abb. 4).

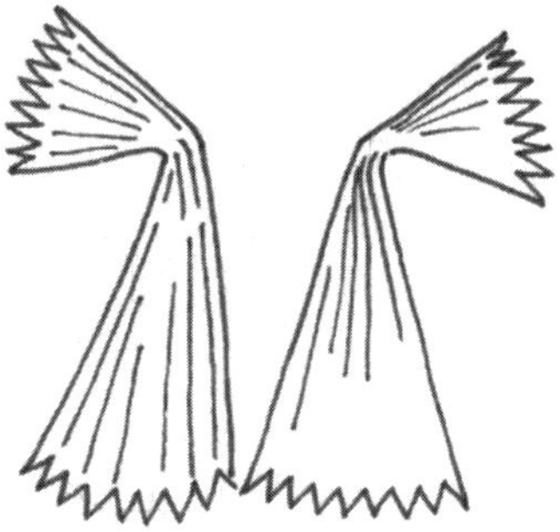

Abb. 4

An den schmalen Innenseiten der längeren Teile werden beide aneinandergeklebt. Anschließend werden die Flügelinnenseiten an den Körper geklebt (Abb. 5).

Abb. 5

Man schneidet von der Goldkordel ein ca. 30 cm langes Stück ab und faltet es zur Hälfte. Die Kugel wird auf die Goldkordel aufgefädelt und fest verknotet. Die Kugel wird mit den Fadenenden in der Mitte der Flügel als Engelskopf festgeklebt (Abb. 6).

Abb. 6

Sternkörbchen

Materialien

- Tonpapier (30 x 30 cm)
- Bildvorlagen für die Spitzen des Körbchens
- Evtl. selbstklebende Sterne zum Verzieren

Verwendung

Tischschmuck, Geschenkverpackung

Bastelanleitung

1. Das Quadrat zweimal Seite auf Seite falten. Nach jedem Faltgang zum Quadrat öffnen. Dann das Blatt so drehen, dass eine Spitze vor uns liegt. Jetzt zweimal diagonal Ecke auf Ecke falten. Das Papier wieder zum Quadrat öffnen und so hinlegen, dass die Faltknicke nach unten weisen und ein Eck vor uns liegt.

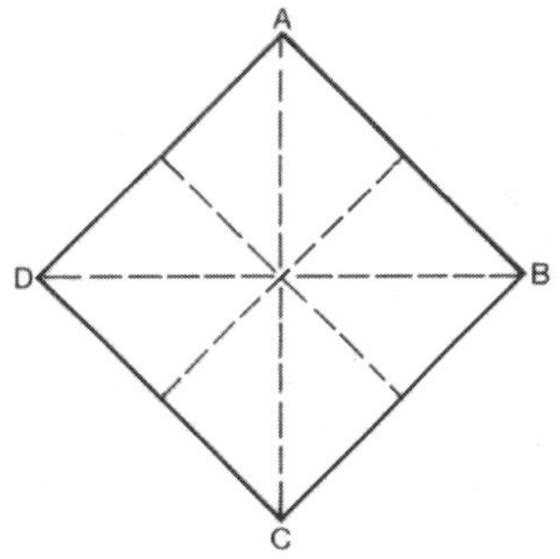

2. Mit dem Zeigefinger leicht auf den Mittelpunkt drücken. Die vier Ecken heben sich dabei ein wenig nach oben. Die beiden äußeren Ecken D und B werden nun nach innen gefaltet *(s. Zeichnung oben und unten)*, so dass am Schluss alle vier Ecken übereinander liegen. Diese Faltung ergibt ein kleineres Quadrat.

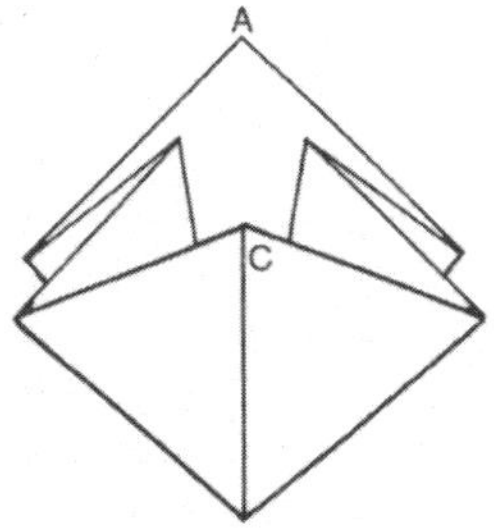

3. Die beiden oben liegenden Flügel nacheinander zur Mittellinie falten.
(Die gestrichelte Linie auf der Zeichnung zeigt den Verlauf den zweiten Faltung an.)

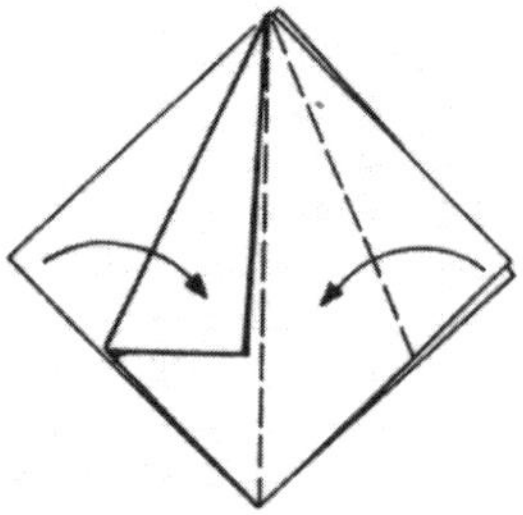

4. Die Faltarbeit wird gewendet. Die beiden anderen Flügel werden genauso zur Mittellinie gefaltet. *(Die Zeichnung zeigt die Faltarbeit nach diesem Schritt.)*

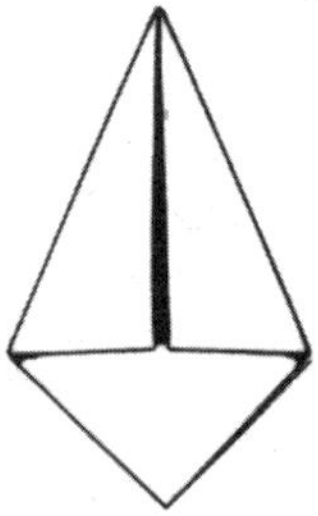

5. Die bis an die Mittellinien gefalteten Flügel haben die Form von Dreiecken. Eines dieser Dreiecke stellen wir hoch, öffnen die Tüte und drücken sie glatt. Genauso wird es mit den drei anderen Dreiecken gemacht.

6. Jede der vier Tüten wird jetzt zur Hälfte nach hinten eingeschlagen, so dass von vorn nur noch die andere Hälfte zu sehen ist.

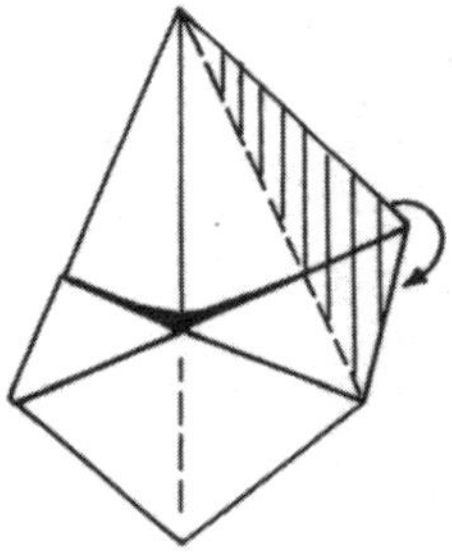

(Die Hälften, die nach innen geklappt werden, sind auf der Zeichnung schraffiert.)

7. Die vordere Spitze wird so weit wie möglich nach vorne herunter geklappt, die hintere nach hinten.

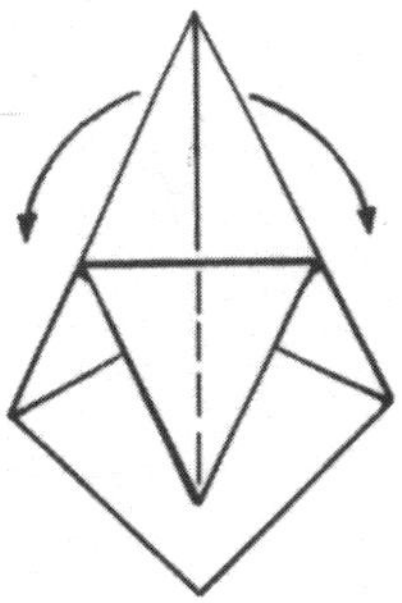

8. Die linke und rechte obere Spitze wird nun vorsichtig auseinander gezogen und nach unten geklappt. Das sternförmige Körbchen öffnet sich dabei langsam. Von unten muss der Boden leicht hochgedrückt werden. Das Körbchen jetzt auf den Tisch stellen und mit dem Daumen innen ausformen.

9. Die Außenseiten des Körbchens können noch mit selbstklebenden Sternen verziert werden.

Stern zum Aufstellen oder Aufhängen

Materialien

- roter Tonkarton, rotes Tonpapier
- weißes Papier
- Schere, Klebstoff
- Nähmaschine, roter Faden

Verwendung

Tisch- oder Raumdekoration

Bastelanleitung

Variante zum Nähen:
Vier Sterne werden aus rotem Tonkarton nach der Kopiervorlage *(Seite 40)* ausgeschnitten.
Die vier ausgeschnittenen Sterne werden deckungsgleich übereinander gelegt. An der in der Vorlage markierten Mittellinie werden die Sterne mit der Maschine zusammengenäht. Die Sternhälften werden nacheinander aufgefaltet, so dass sie kreisförmig zum Stehen kommen *(s. Foto rechts)*.

Aus weißem Papier werden acht Sterne nach der Kopiervorlage *(rechte Seite)* ausgeschnitten. Auf diese Sterne können Texte oder Bibelverse geschrieben werden. *(Textbeispiele s. Seite 41)*
Die Sterne werden von oben nach unten auseinander geschnitten und je eine Hälfte wird rechts und links von der Naht in die Mitte der Seite des Tonpapiersterns geklebt.

Variante zum Kleben:
Acht Sterne werden aus rotem Tonpapier nach der Kopiervorlage *(Seite 40)* ausgeschnitten. Die Sterne werden jeweils an der markierten Linie *(s. Vorlage)* gefaltet. Zwei Sterne werden mit je einer Hälfte deckungsgleich zusammengeklebt. Der dritte Stern wird an den zweiten wieder jeweils zur Hälfte deckungsgleich aufgeklebt. Die Sterne vier bis sieben jeweils genauso. Der achte Stern wird auf die Hälfte des siebten und auf die freie Hälfte des ersten Sterns geklebt.

Die acht weißen Sterne werden genauso wie bei der ersten Variante ausgeschnitten, beschriftet und geklebt.
Wer den Stern aufhängen möchte, muss einen längeren Faden beim Kleben der Sternteile in der Mitte einlegen und festkleben.

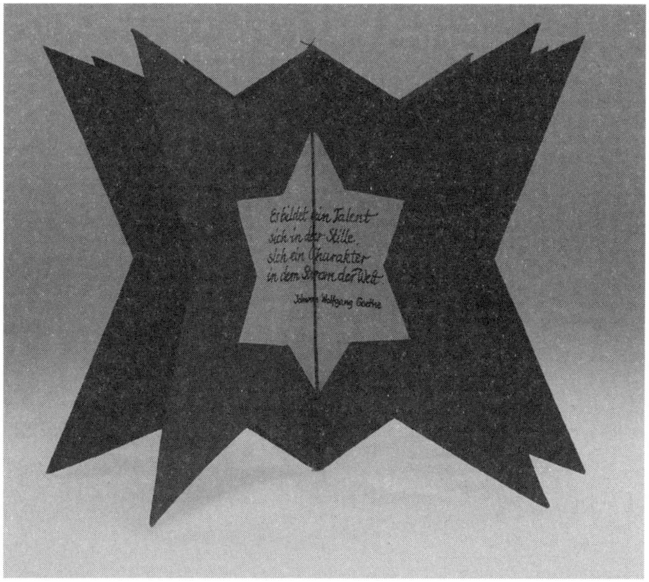

So sieht der fertige Stern aus (s. auch Titelfoto).

Kopiervorlage für den Stern zum Beschriften

Kopiervorlage für den Stern zum Aufstellen

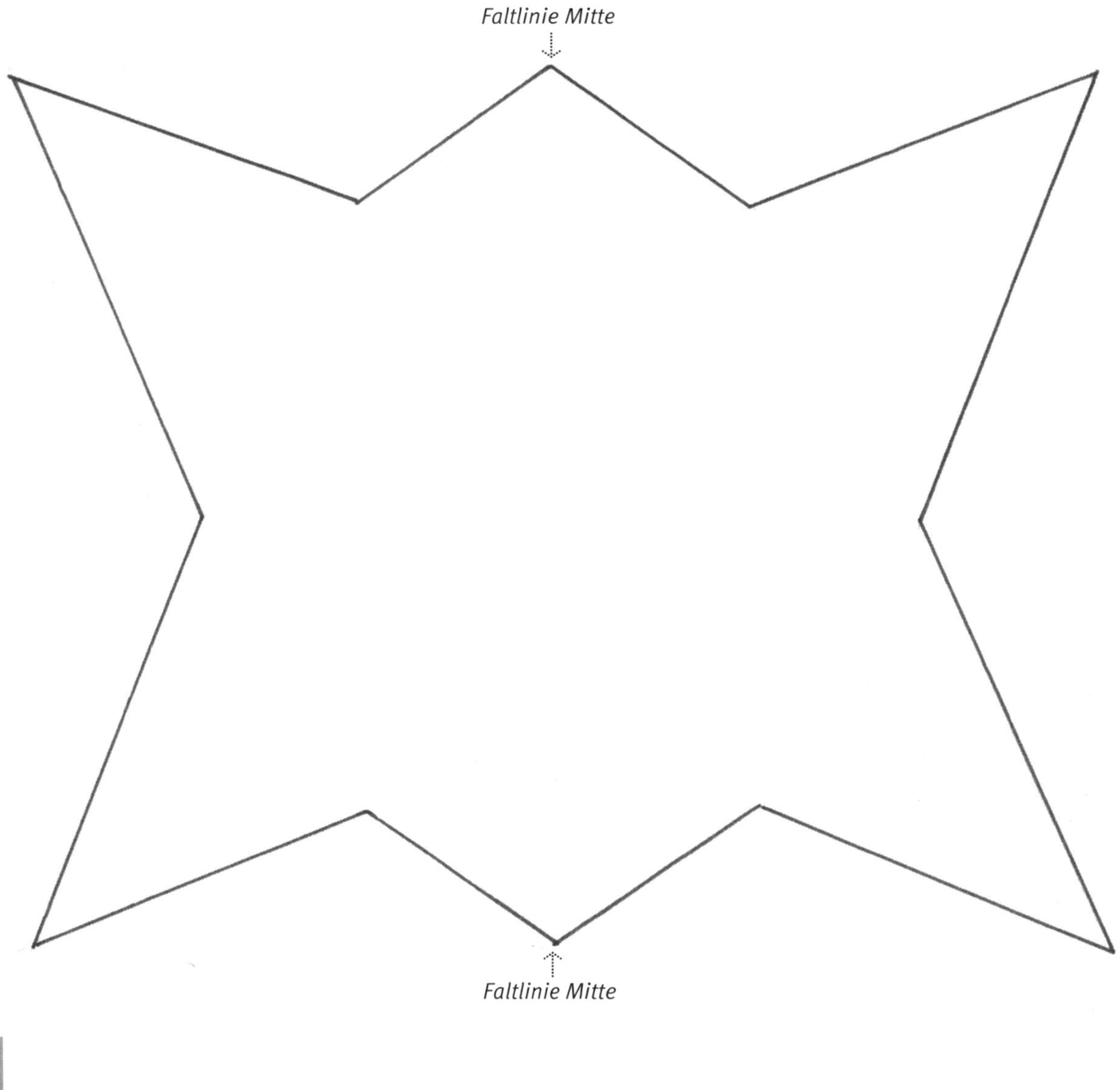

Textbeispiele zum Beschriften

Einige Texte zur Auswahl für die Beschriftung der kleinen Sterne *(s. Vorlage S. 39)*.

Ein Stern geht auf im Volk der Jakobssöhne, ein König steigt empor in Israel. (4. Mose 24,17)

Das Volk, das im Finstern wandelt, sieht ein großes Licht. (Jesaja 9,1)

Wir haben seinen Stern aufgehen sehen und sind gekommen, um ihm zu huldigen. (Mt. 24,17)

Und der Stern, den sie schon bei seinem Aufgehen beobachtet hatten, ging ihnen voraus. (Mt. 2,9)

Als sie den Stern sahen, kam eine große Freude über sie. (Mt. 2,10)

Gott, heilger Schöpfer aller Stern, erleucht uns, die wir sind so fern. (EG 3)

O klare Sonn, du schöner Stern, dich wollten wir anschauen gern. (EG 7)

Beglänzt von seinem Licht, hält euch kein Dunkel mehr. (EG 16)

O komm, o komm, du Morgenstern, lass uns dich schauen, unseren Herrn. (EG 19)

Jakobs Stern ist aufgegangen, stillt das sehnliche Verlangen. (EG 39)

Wie schön leuchtet der Morgenstern, voll Gnade und Wahrheit vor dem Herrn. (EG 70)

Die kleinen Sterne leuchten immer, während die große Sonne untergeht. (aus dem Senegal)

Ohne die Nacht würden wir nichts von den Sternen wissen. (unbekannt)

Freunde sind wie Sterne in der Nacht: Auch wenn sie manchmal nicht zu sehen sind, weißt du trotzdem, dass sie da sind! (unbekannt)

Drei Dinge sind uns aus dem Paradies geblieben: Die Sterne der Nacht, die Blumen des Tages und die Augen der Kinder. (unbekannt)

Stern als Teelichthalter

Materialien

- Tonkarton
- Schere, Klebstoff
- Teelichthalter aus Glas

Verwendung

Tischdekoration

Bastelanleitung

Aus Tonkarton werden zwei längere Streifen mit 30 cm Länge und 2,5 cm Breite geschnitten. Die Streifen werden in vier gleich lange Teile gefaltet. Diese Faltungen erhält man, indem man den Streifen zunächst zur Hälfte und die Enden dann jeweils einmal zur Mitte faltet. *(s. Vorlagen auf der rechten Seite oben, Faltung = gestrichelte Linie)*

Zwei äußere Teile werden zusammengeklebt, so dass ein Dreieck entsteht.

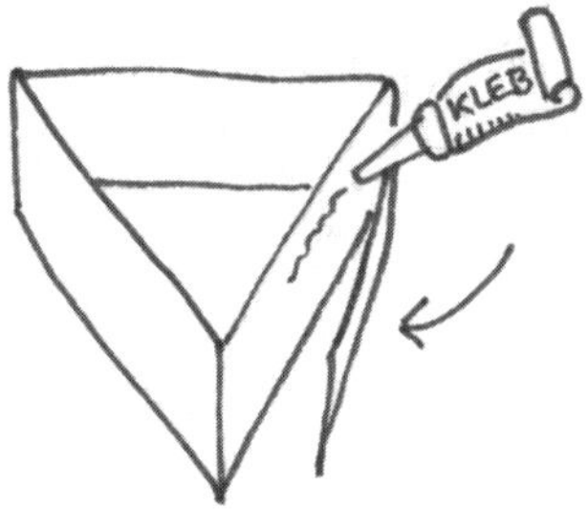

Das Dreieck wird an jeder Seite im Abstand von 2,5 cm zweimal bis zur Hälfte eingeschnitten. Durch die Schnitte ist nun jede Seite des Dreiecks gedrittelt. Mit dem zweiten Streifen wird ebenso verfahren.
(Idee von Klara Ziegler, Stuttgart)

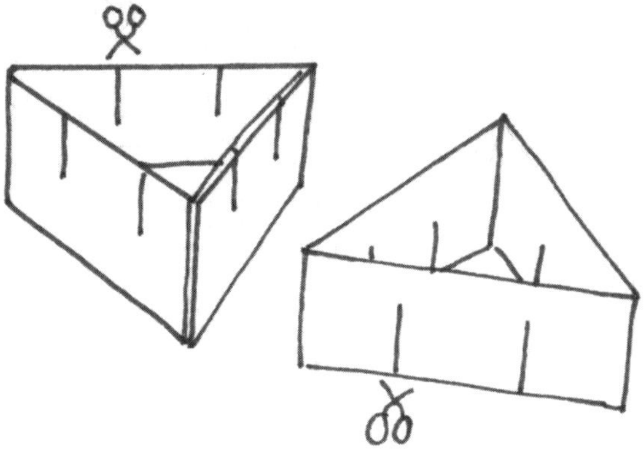

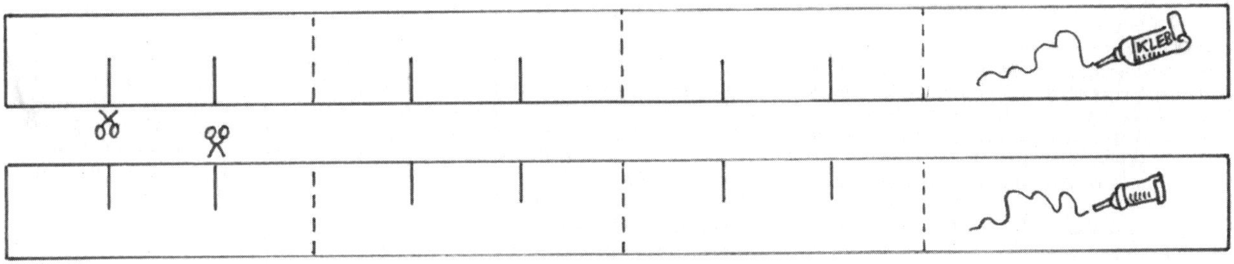

Muster für die Tonpapierstreifen zum Stern als Teelichthalter

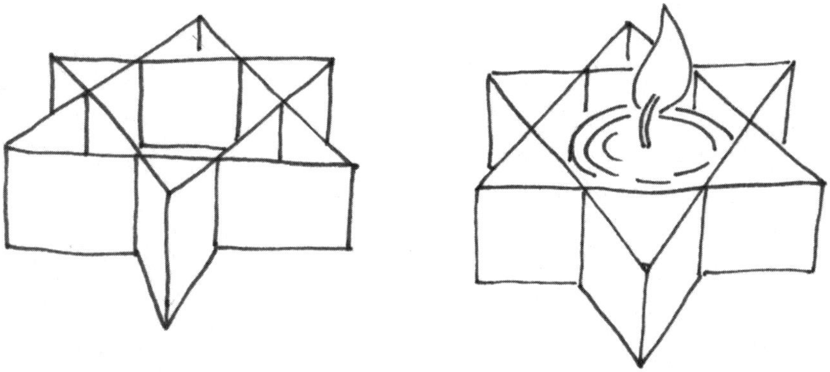

Stern als Teelichthalter

Überraschungsstern

Materialien

- Wellpappe in verschiedenen Farben
- Sternschablonen (S. Vorlagen S. 45)
- Streichholzschachteln
- Schere, Klebstoff
- Wollfäden
- Überraschung die in eine Streichholzschachtel passt.
- Für den Adventskalender: Äste einer Korkenzieherhasel

Verwendung

Raumdekoration, Geschenk, Adventskalender

Bastelanleitung

Variante für Raumdekoration:
Die Schablonen für den Stern aus den Vorlagen S. 45 herstellen. Die ausgewählten Sternvorlagen (größere und kleinere) werden auf Wellpappe übertragen und ausgeschnitten. Sterne in verschiedenen Größen und Farben werden aufeinander geklebt. Bei einem Zacken des Sterns ein Loch durchstechen, einen Wollfaden durchziehen und verknoten.
Auf der Rückseite eine Streichholzschachtel aufkleben. In die Schachtel kann eine kleine Karte mit einem Spruch oder ein Weihnachtswunsch gelegt werden, eventuell ein kleines Geschenk. Mit älteren Kindern kann man den Stern auch doppelseitig gestalten, d.h. die Streichholzschachtel wird von beiden Seiten mit den Sternen beklebt.

Variante als Adventskalender:
Es werden 24 Sterne hergestellt und auf jedem Stern wird eine Zahl für die Tage des Advent (1-24) aufgebracht. Die Sterne können an die Äste einer Korkenzieherhasel gehängt werden, die in eine Vase gestellt werden. So kann für jeden Tag der Adventszeit eine kleine Überraschung und/ oder ein ermutigendes Wort versteckt werden.

Vorlagen für Sterne
in verschiedenen
Größen

Weihnachtsfiguren aus Filz

Materialien

- Küchenschwämmchen (gelb und rechteckig)
- Trockenfilznadel
- Filzwolle in den gewünschten Farben
- Weihnachtsausstechförmchen
  (Sterne, Herzen, Engel erhält man beim Küchenbedarf, ein Komplettset Weihnachsfiguren mit Kamel, Königen, Hirten, Palmen u.a. bietet die Firma Haba an)
- evt. eine dünne Silber- oder Goldkordel zum Aufhängen
- Nähnadel
- Pflaster, denn ohne Stechen geht es kaum!

Verwendung

Krippenfiguren und -landschaften spielen seit Franz von Assisi im christlichen Brauchtum eine große Rolle. Durch das eigene kreative Gestalten kann man sich den Figuren und ihrer Bedeutung annähern.
Durch den vorgegebenen Rahmen der Ausstechförmchen fällt diese Technik schon kleinen Kindern leicht, aber auch ältere Kinder und Erwachsene haben ihre Freude daran.

Für Kindergottesdienst, Schule, Gemeindeveranstaltungen und Familie.

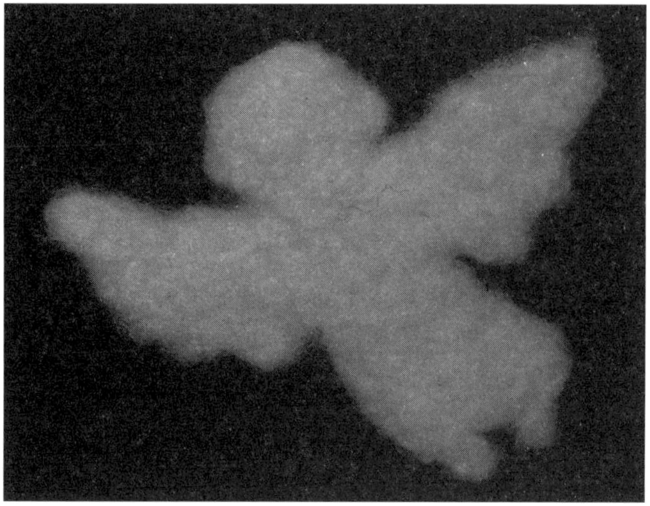

Gefilzter Engel

Bastelanleitung

Ein Ausstechförmchen wird auf das Küchenschwämmchen gelegt. Dann wird die Wolle etwa 1 cm dick in das Förmchen gestopft.
Mit der Filznadel sticht man auf die Wolle, so dass sie sich verfilzt. Dabei muss man die Wolle zwischendurch immer wieder mal vom Schwämmchen lösen, sonst verfilzt sie sich unbeabsichtigt mit dem Schwamm.
Besonders beim Rand muss man darauf achten, dass er gut verfilzt ist. Wenn die Figur fest genug ist, löst man sie aus dem Förmchen.
Wer möchte, zieht einen Gold- oder Silberfaden mit einer Nähnadel durch seine Figur und kann sie dann aufhängen.
(Idee: Christina Christ, Ahnatal-Weimar)

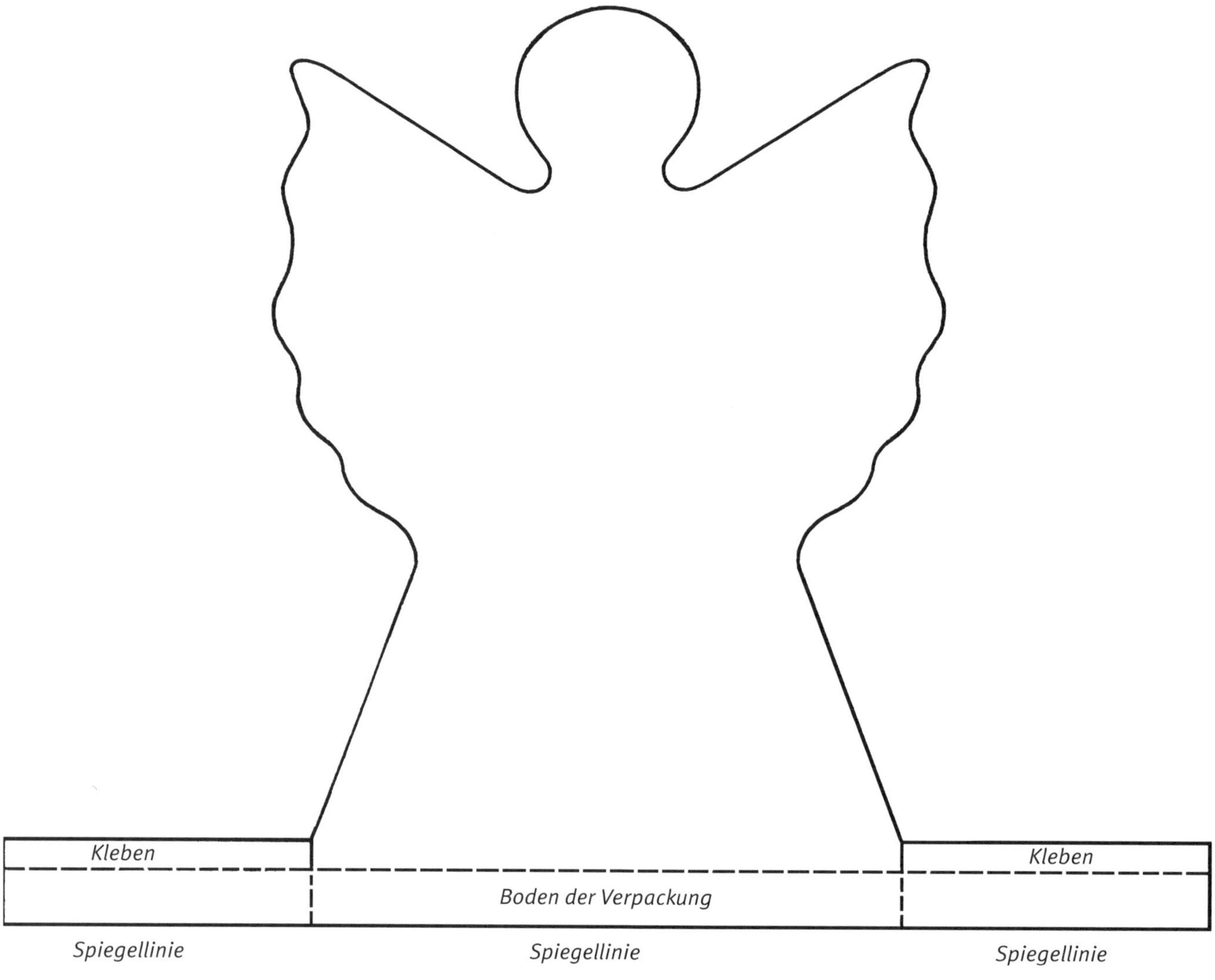
Kleben
Kleben
Boden der Verpackung
Spiegellinie
Spiegellinie
Spiegellinie

Weihnachtliche Verpackungen

Materialien

- Ausgewählte Vorlage aus Papier
  (S. 48: Engel, S. 50: Tannenbaum, S. 51 Herz, entsprechend eigenem Wunsch vergrößern)
- Farbiger Tonkarton oder gemusterter Tonkarton (mindestens DIN A 3)
- Schneidmesser
- Bleistift, Schere und Klebstoff
- Zum Verzieren: Klebesterne und/oder Gold-/Silberstift
- Bastband oder Geschenkband zum Verschließen

Verwendung

Dekorative Verpackung für kleine Geschenke

Bastelanleitung

Die Mustervorlagen (Engel, Tannenbaum, Herz) werden auf farbigen Tonkarton übertragen. Die Vorlagen für den Engel und den Tannenbaum müssen an den Spiegellinien jeweils noch verdoppelt werden. Die Figuren aus dem Tonkarton ausschneiden. *(Die gestrichelten Linien werden nur mit dem Schneidmesser angeritzt und gefaltet.)*

Die ausgeschnittenen Muster werden hochgeklappt, so dass die Grundfiguren einander gegenüber stehen. Nun werden die seitlichen Streifen als Seitenteile, an den durch »Kleben« bezeichneten Stellen, an die Innenseite der Grundfigur angeklebt. Die Verpackung wird oben gelocht, damit Bast oder ein anderes schönes Band hindurchgezogen werden kann.
Die Außenseiten können mit Klebesternen verziert oder mit Gold-/Silberstift bemalt bzw. beschriftet werden.

Vorlage für den Tannenbaum

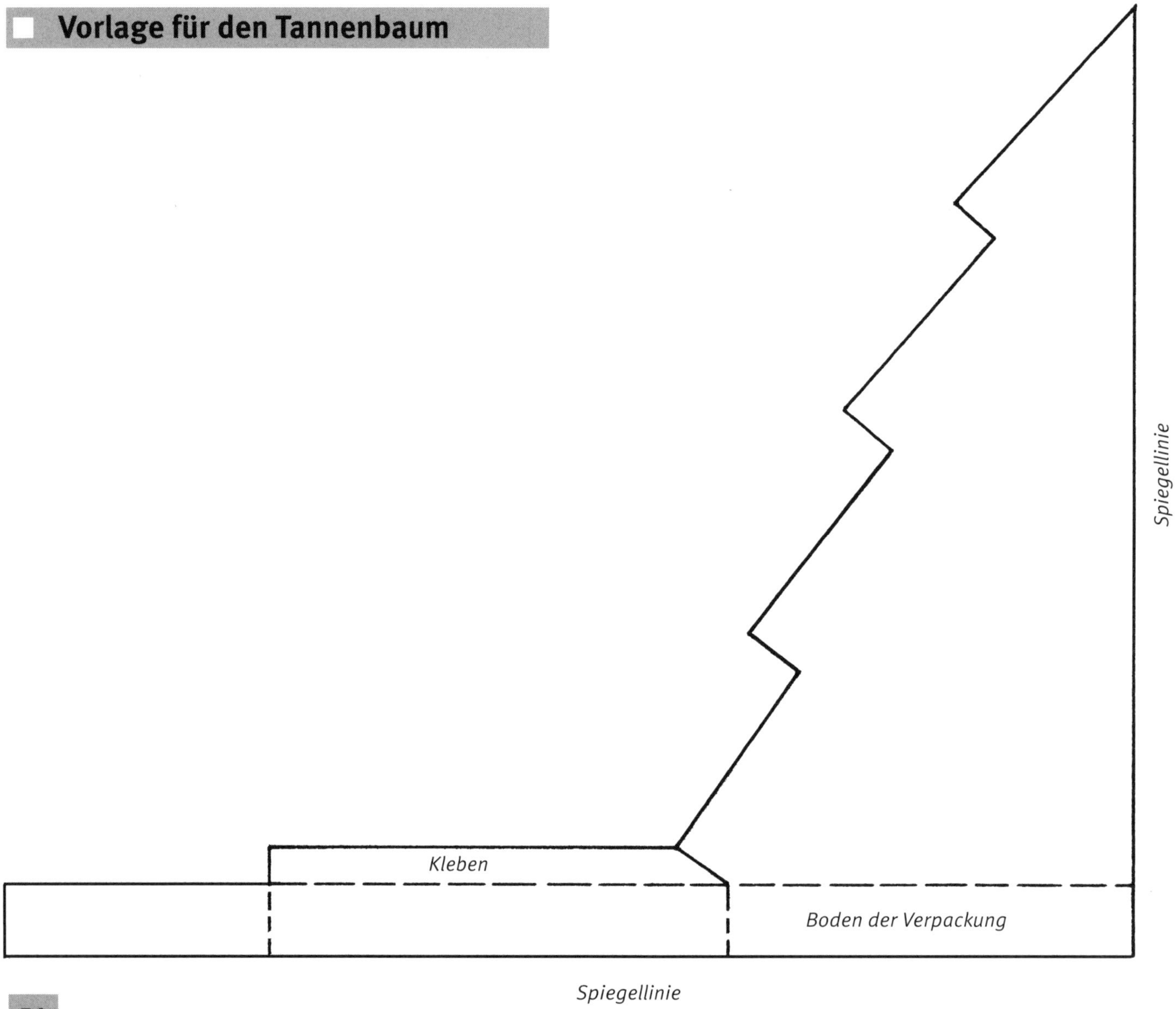

Vorlage für das Herz

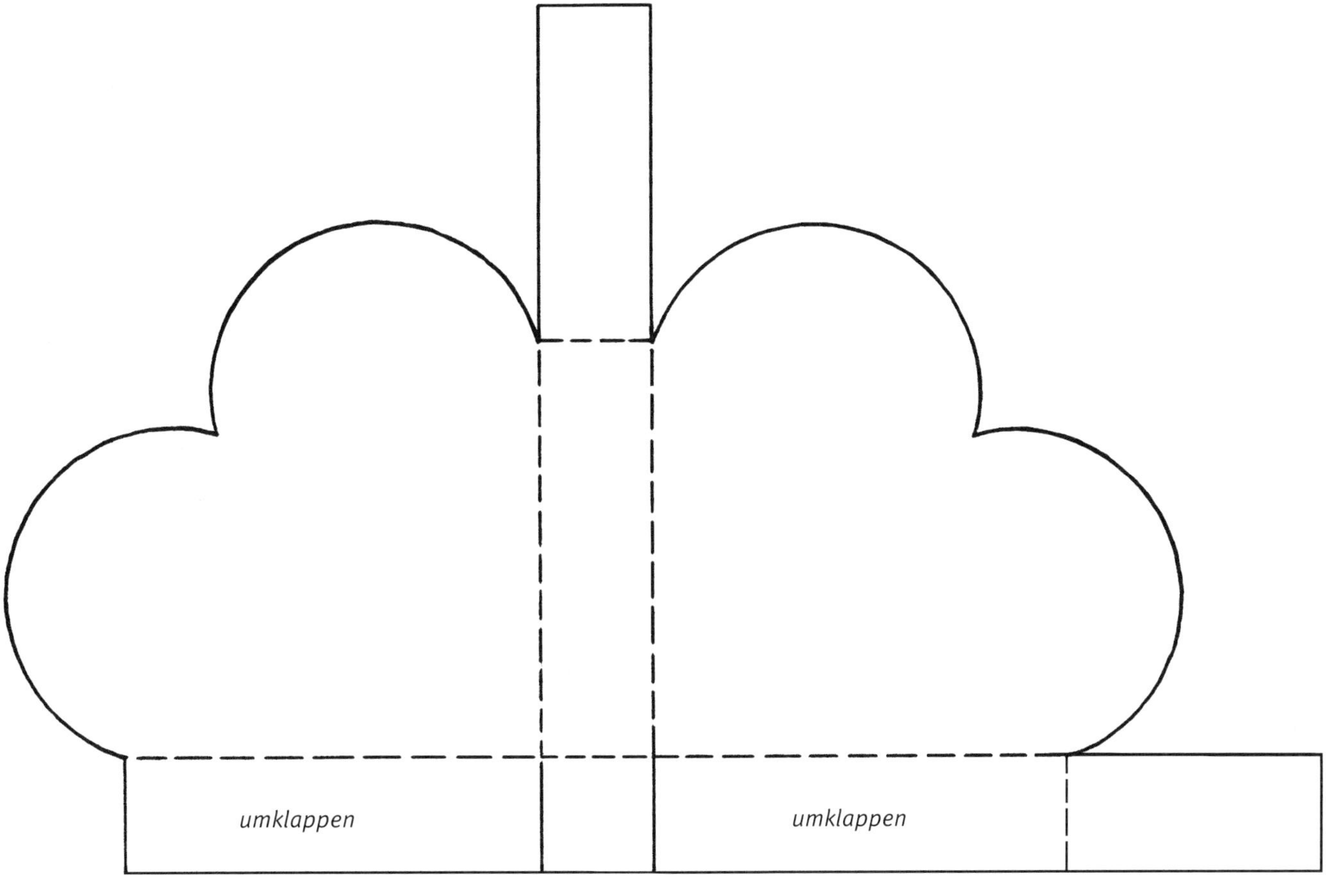

Weihnachtsglocken

Materialien

- Blumentopf aus Ton (Ø bis ca. 10,5 cm)
- eine Holzkugel (Ø 20 mm)
  Für Variante: ein oder mehrere Glöckchen (Bastelgeschäft)
- zwei Holzkugeln (Ø 15 mm)
- 75 cm Packschnur
- nach Belieben Sterne zum Verzieren, Eddings zum Beschreiben, Farbe zum Bemalen

Verwendung

Glockengeläut verbinden wir besonders mit der Weihnachtszeit. Die Lieder »Kling, Glöckchen, kling« und »Süßer die Glöcken nie klingen« heben das besonders hervor. Glocken rufen in den Gottesdienst (an Weihnachten eventuell auch in die festlich vorbereitete Weihnachtsstube). Die hier vorgestellten Glocken sind schöne Dekorationsobjekte und Geschenke, z.B. im Kindergottesdienst oder beim Adventsbesuch.

Bastelanleitung

Die große Holzkugel auf die Packschnur ziehen, bis sie in der Mitte sitzt. In 1 cm Entfernung von der Kugel einen Knoten anbringen. Nun werden beide Enden der Schnur durch eine der kleineren Kugeln gezogen.
Dann beide Schnurenden von unten durch das Blumentopf-Loch schieben, so dass die beiden schon angebrachten Kugeln im Topf hängen.
Anschließend zieht man beide Schnurenden durch die zweite der kleineren Kugeln und bringt direkt über dieser Kugel einen (oder zur Sicherheit zwei) Knoten an. Diese Kugel sitzt nun oberhalb des Blumentopfloches.
Die oberen Schnurenden verknotet man, so dass man eine Schlaufe zum Aufhängen erhält.
Der Blumentopf wird mit Farbe und/oder Aufklebern beliebig verziert.

Variation: Soll die Glocke klingeln, fädelt man statt der großen Holzkugel ein oder mehrere kleine Glöckchen auf.

(Idee: Delia Baar und Monika Keyser, Ibbenbüren)

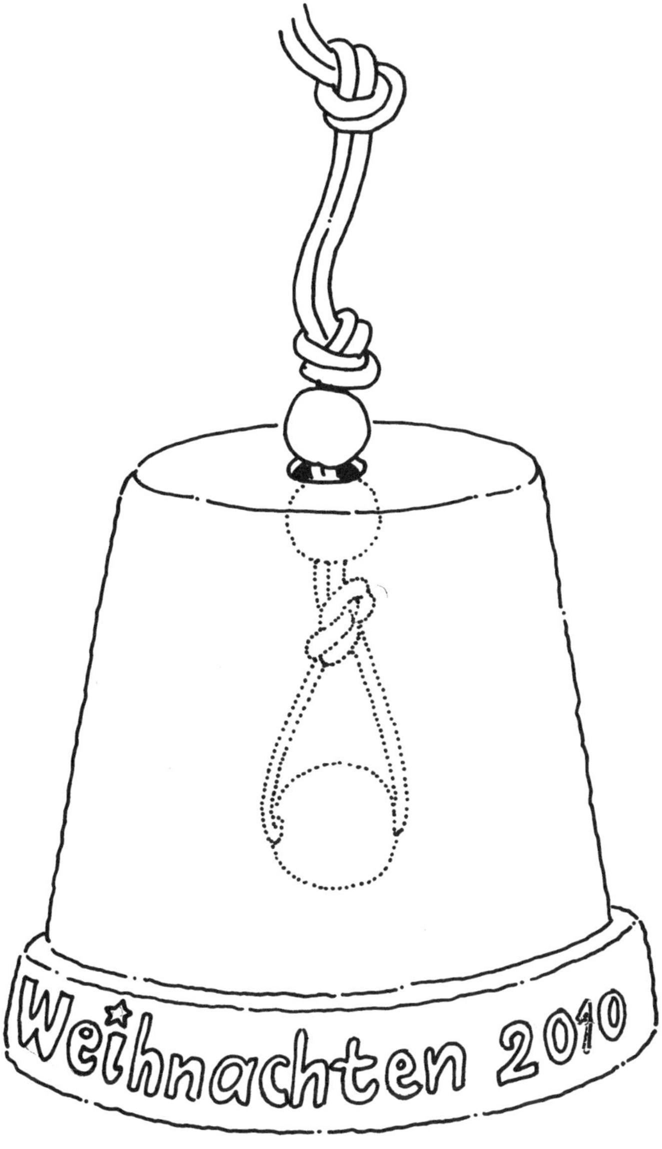
Weihnachten 2010

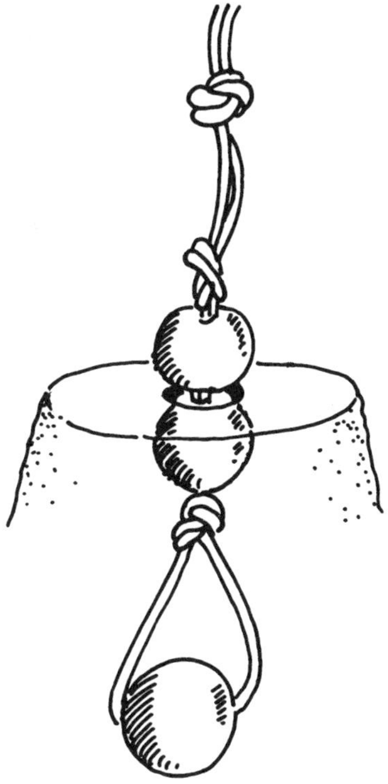

Weihnachtslämpchen

Materialien

- Schwer entflammbares Papier
  (gibt's im Bastelgeschäft, ohne Struktur und saugfähig)
- schwarze Tusche
- Trinkhalm
- Fünf Zahnstocher
- Klebstoff
- Teelicht
- große Mandarine

Verwendung

Tischdekoration

Bastelanleitung

Das Papier für den Lampenschirm wird *(s. Vorlage rechte Seite)* ausgeschnitten. Mit einem Zahnstocher wird ein kleiner Tropfen Tusche auf das Papier aufgebracht. Mit einem Trinkhalm pustet man den Tropfen aus dem Papier auseinander. So entstehen kleine Sterne oder andere Muster.

Man kann diese Verzierung zunächst auf normalem Papier ausprobieren. Wenn der Lampenschirm schön verziert ist, muss man die Tusche gut trocknen lassen. Jetzt wird das Papier an den schmalen Seiten zusammengeklebt. *(Evt. mit Wäscheklammern fixieren, bis der Klebstoff getrocknet ist.)*

Der Durchmesser des Lampenschirms muss vor dem Zusammenkleben an die Größe der Mandarine angepasst werden. Die Mandarine wird mit der Blütenseite auf den Tisch und das Teelicht auf die Mandarine gestellt. Vier Zahnstocher werden im Kreis gleichmäßig um das Teelicht in die Mandarine eingestochen. Sie geben dem Teelicht Halt und stützen den Lampenschirm, der nun aufgesetzt wird.
(Idee aus: Der Jugendfreund 50/2005)

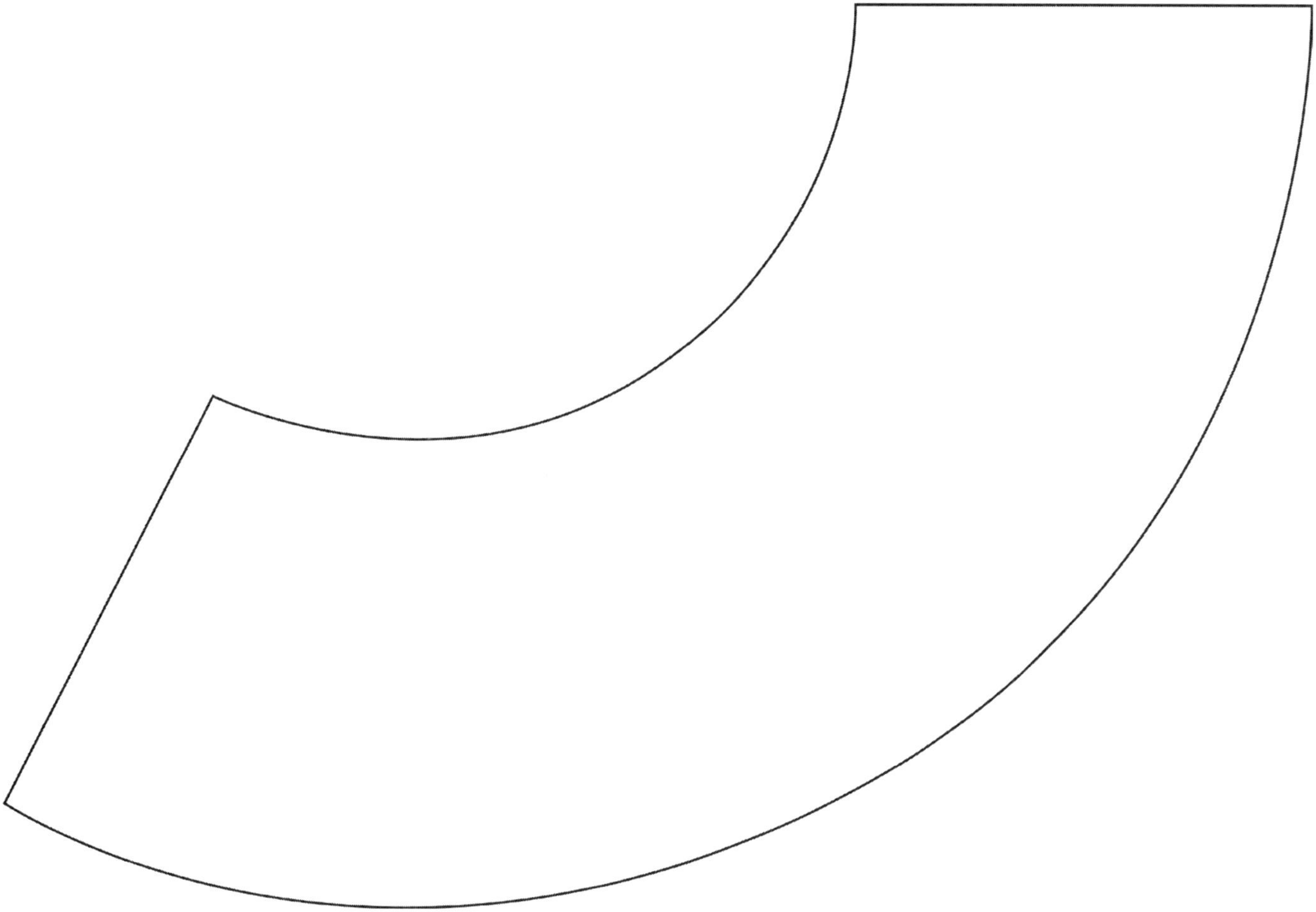

Vorlage für den Lampenschirm
(Entsprechend der gewünschten Größe vergrößern oder verkleinern.)

Weihnachtsmandala

Materialien

- Vorlage *(s. rechte Seite)*
- Transparentpapier zum Kopieren
- Für die Alternative: Pinsel und Öl

Verwendung

Kindergottesdienst, Religionsunterricht, Fensterschmuck
Kinder im Grundschulalter

Bastelanleitung

Die Vorlage wird auf das Transparentpapier kopiert. Die Kinder malen mit Holzfarbstiften das Mandala an.
An das Fenster gehängt entfaltet es seine Farben.
Alternativ wird die Vorlage auf normales Papier kopiert und angemalt. Anschließend mit etwas Öl einpinseln und trocknen lassen. So erscheinen die Farben am Fenster auch transparent.

Vorlage Weihnachtsmandala

Krippenhaus im Quadrat

Materialien

– Kopiervorlage für das Krippenhaus *(Seite 60)*
– Kopiervorlage mit der Krippenszene *(rechte Seite)*
– Ein Blatt Papier (21 x 21 cm, z.B. rot)
– gelbes Papier für die Krippenszene

Verwendung

Ein originell gestalteter Weihnachtsgruß wird zur Aufstellkrippe *(s. Titelfoto)*.

Bastelanleitung

Die Kopiervorlage mit den Hirten wird vergrößert (140 %) auf das rote Papier kopiert.
Die Krippenszene wird auf gelbes Papier kopiert und ebenfalls entsprechend vergrößert.
Das rote Papier wird mit den Bildern der Hirten nach oben auf den Tisch gelegt. Das Blatt wird einmal in der Mitte gefaltet und dann wieder geöffnet. *(Faltlinie 1)* Die obere Blatthälfte wird nochmals bis zur Mitte hin gefaltet *(Faltlinie 2)*, die beiden Motive der Hirten sind jetzt verdeckt.

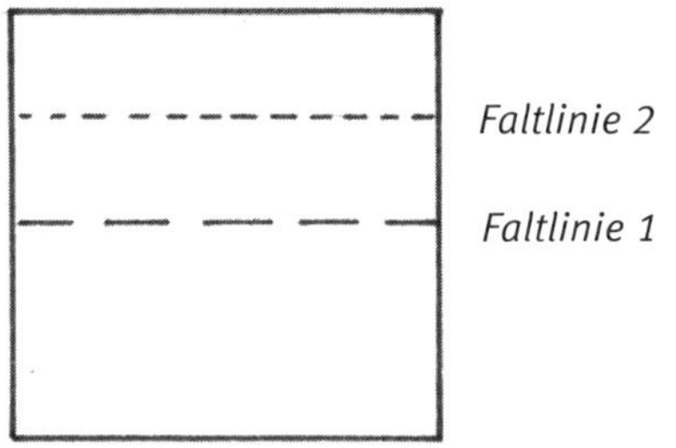

Die obere linke Ecke wird an die Unterkante des Papiers gefaltet und wieder geöffnet, ebenso die obere rechte Ecke.

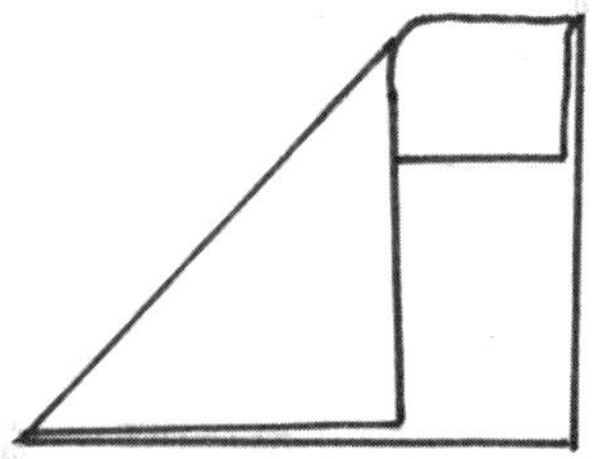

Die entstandenen Knicke rechts und links nun von Faltlinie 1 aus gemeinsam nach innen und unten ziehen. Es entsteht die Form eines Dreiecks. Die rechte und linke Spitze des Dreiecks wird nach hinten geknickt als Aufsteller.

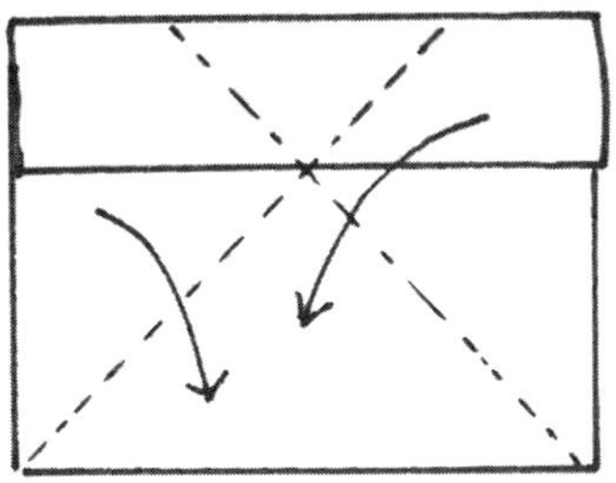

Vorlage Krippenszene

Die Ecken auf der Vorderseite werden nun nach oben geklappt. So werden die Hirten sichtbar. Die Szene mit der Krippe wird als Papierstreifen in das Haus geklebt.

Das Dach des Hauses kann nun mit Sternen verziert oder mit einem Weihnachtswunsch beschrieben werden.

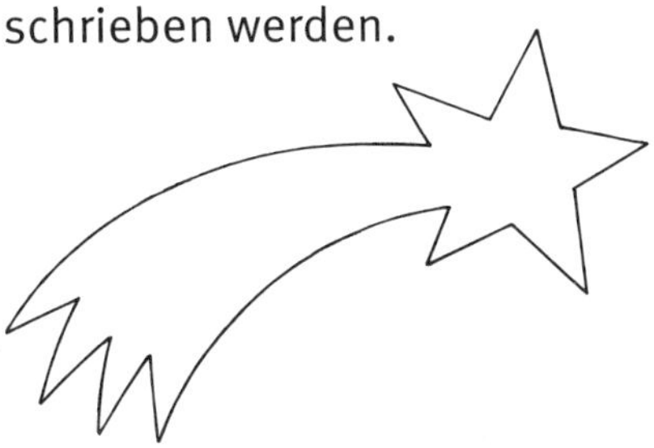

Stern für das Dach

Krippenhaus im Quadrat

Vorlage für das Krippenhaus im Quadrat

Weihnachtsgrüße im Quadrat

Materialien

- Vorlage für die Weihnachtskarte *(Seite 63)*
- rotes Tonpapier
- Schere und Bleistift

Verwendung

Geschenkverpackung und origineller Weihnachtsgruß *(Nach einer Idee von Albrecht Kurz, Stuttgart)*

Bastelanleitung

Die Kopiervorlage für die Vorder- und Rückseite wird vergrößert (147 %) auf das rote Papier kopiert. Dies ergibt eine Kantenlänge der fertigen Schachtel von ca. 3,6 cm.
An den angegebenen Schnittkanten die Quadrate ausschneiden und in der folgenden Weise falten:
(Geben Sie die Anleitung beim Verschenken der Karte mit.)

Das quadratische Blatt mit dünn gezeichneten Diagonalen versehen.
(Dazu sind auf der Weihnachtskarte an den entsprechenden Stellen kleine Pfeile eingezeichnet.)

Zwei gegenüberliegende Ecken zur Mitte falten und festkleben.

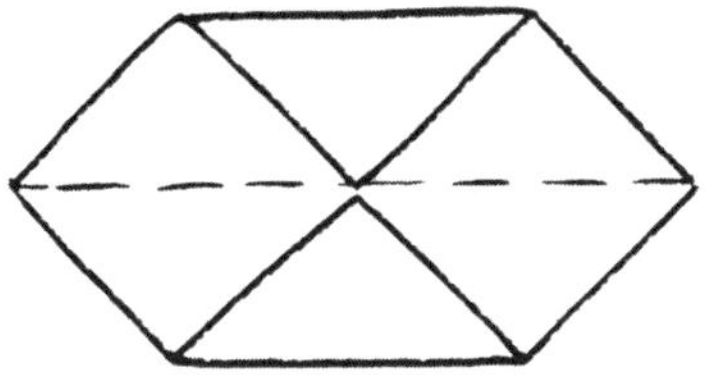

Die beiden entstandenen Kanten nochmals zur Mitte falten

und wieder aufklappen.

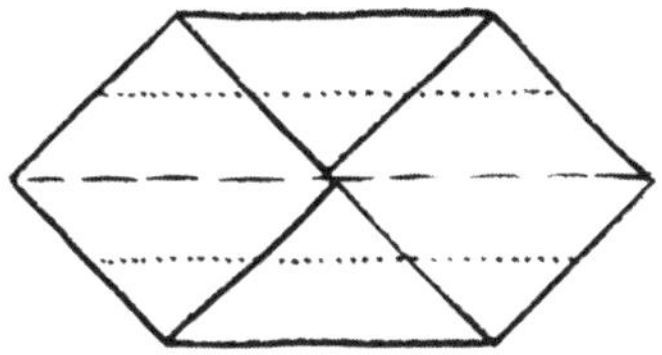

Die beiden anderen Ecken zur Mitte falten.

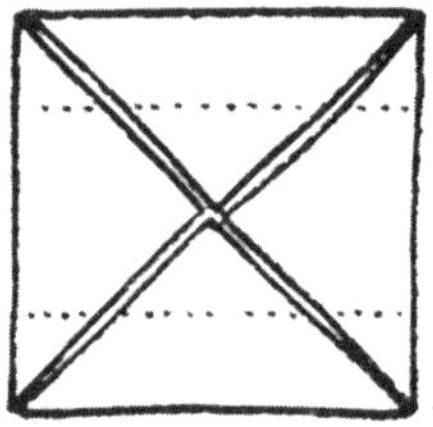

Die neuen Kanten nochmals zur Mitte falten und das ganze wieder aufklappen.

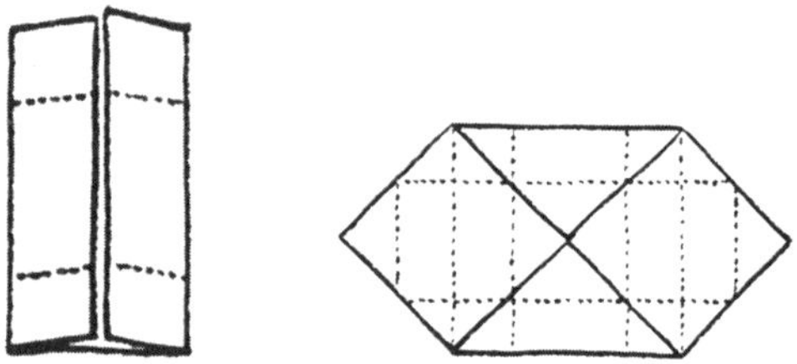

Entlang der Faltlienien wie skizziert einschneiden.

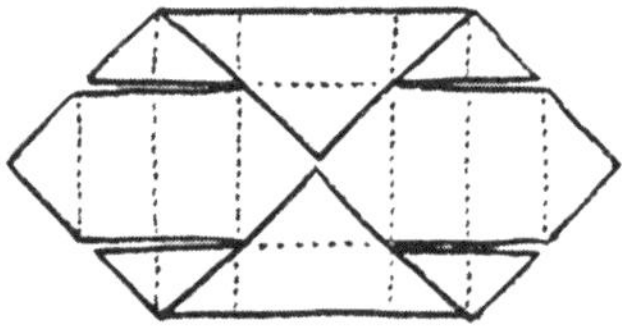

Die schmalen Streifen als Seitenteil hochklappen und die spitzen Laschen nach innen klappen.

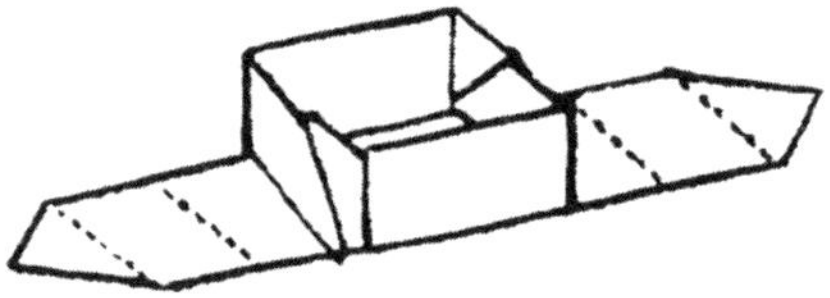

Über diese die verbleibenden beiden Streifen nach innen klappen und festkleben.

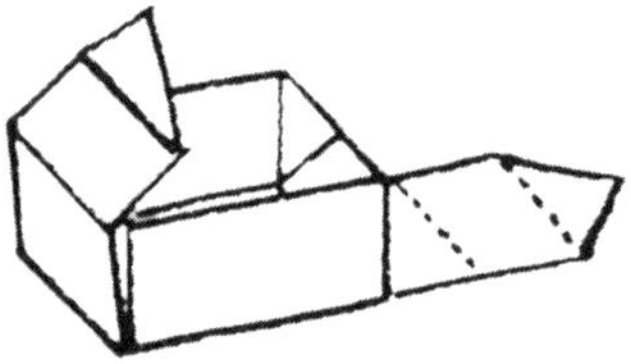

Fertig ist das Schächtelchen.

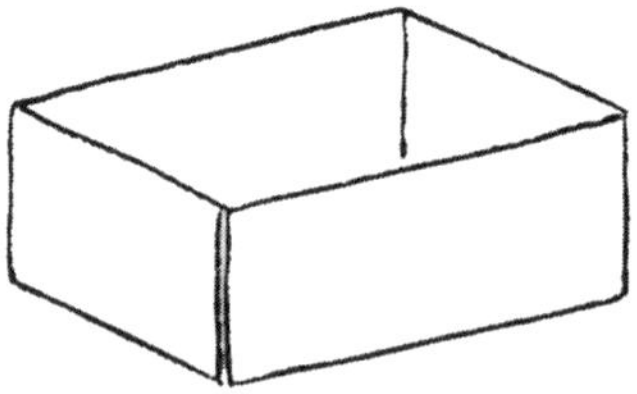

Mit dem zweiten Quadrat, dessen Seitenlänge etwas kürzer ist, wird auf die gleiche Weise der Boden zum Deckel hergestellt (s. Quadrat mit den gestrichelten Linien auf der Karte).

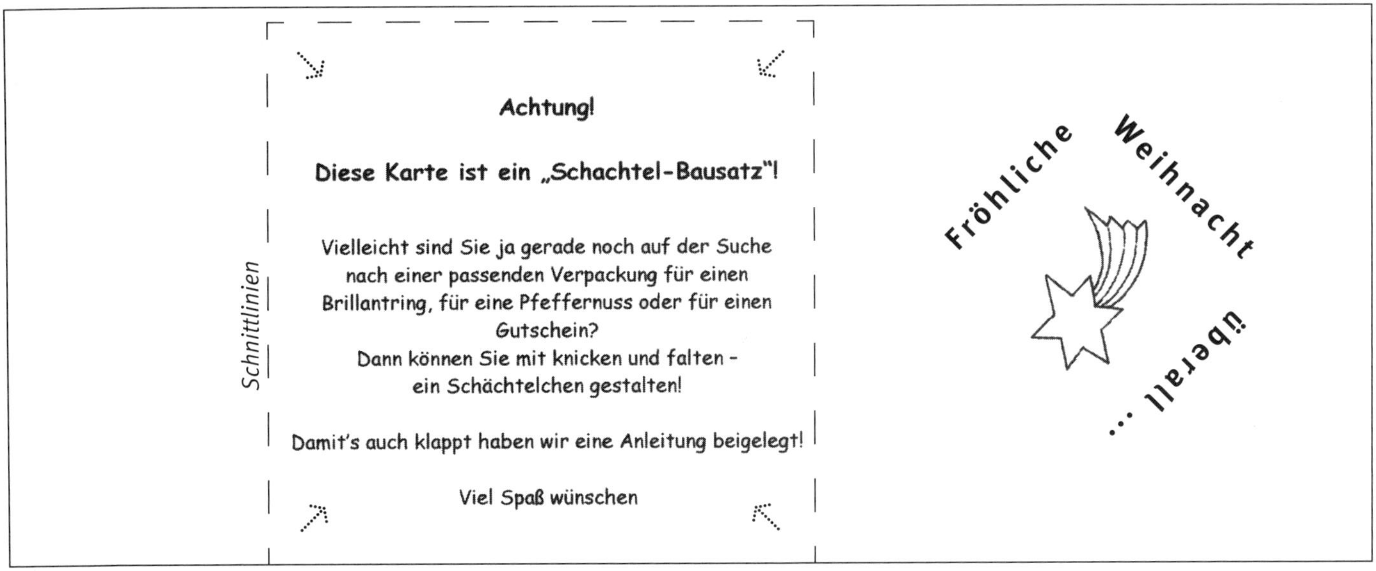

Vorlage für die Außenseiten der Weihnachtskarte
(Das kleinere Quadrat links ist für den Boden der Schachtel, das größere Quadrat rechts für den Deckel.)

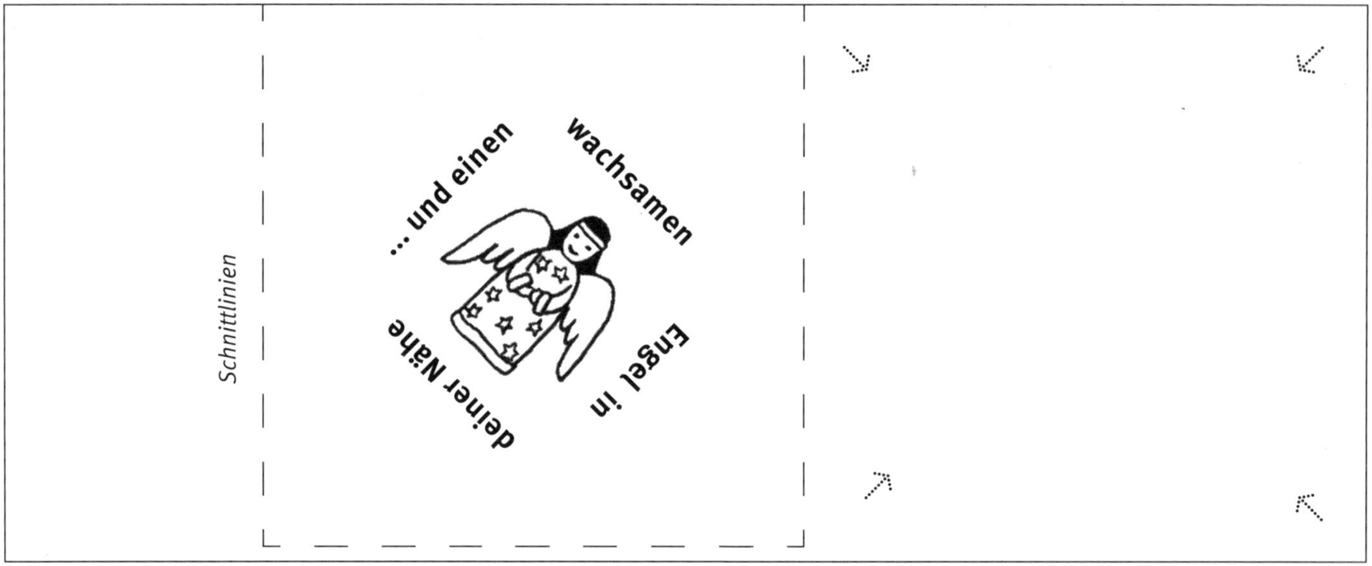

Vorlage für die Innenseiten der Weihnachtskarte
(Diese Vorlage muss genau auf die Rückseite der Vorlage für die Außenseiten der Karte kopiert werden.)